WORLD ATHLETICS™

田径竞赛与技术规则

2025

中国田径协会　审定

人民体育出版社

图书在版编目（CIP）数据

田径竞赛与技术规则. 2025 / 中国田径协会审定.
北京：人民体育出版社, 2025. -- ISBN 978-7-5009
-6365-3

Ⅰ. G820.4

中国国家版本馆CIP数据核字第20241ZL488号

田径竞赛与技术规则. 2025

中国田径协会　审定
出版发行：人民体育出版社
印　　装：天津中印联印务有限公司

开　本：787×960　32开本　　印　张：11.5　　字　数：220千字
版　次：2025年8月第1版　　印　次：2025年8月第1次印刷
书　号：ISBN 978-7-5009-6365-3
印　数：1—10,000册
定　价：48.00元

前　言

《田径竞赛与技术规则》是世界范围内田径运动规范开展和不断发展的基础。世界田联（World Athletics）作为田径规则制定者，每两年根据会员协会的提案或田径发展需要，发布新版本的规则；同时，世界田联每年适时在其官网发布经由理事会批准的最新修订内容，以满足竞赛需要。中国田径协会不定期对规则进行翻译，此次特同步出版发行规则中文版和汉英对照版（此版为中文版），为广大从业人员和读者提供田径竞赛与技术规则最新的规范性文件。

上一次正式出版的是中文版《田径竞赛规则》2018—2019。自此，世界田联已经发布了2020版、2022版和2024版的《田径竞赛与技术规则》（Competition and Technical Rules）。与《田径竞赛规则》（Competition Rules）

2018—2019版相比，世界田联从2020版开始进行了重大改版，主要包括：组织名称由国际田联（IAAF）变更为世界田联（World Athletics）（2019年）；规则名称由《田径竞赛规则》改为《田径竞赛与技术规则》，规则内容首次划分为竞赛规则和技术规则两部分，条目和顺序也随之重新编排。竞赛规则现包括三个部分：第一部分通则（General）、第二部分官员（Officials）和第三部分世界纪录（World Records）。技术规则包括：第一部分通则（General）、第二部分径赛项目（Track Events）、第三部分田赛项目（Field Events）、第四部分全能项目比赛（Combined Events Competitions）、第五部分200米标准椭圆形跑道体育场（短道）比赛［200m Standard Oval Track Stadium（Short Track）Competitions］、第六部分竞走项目（Race Walking Events）、第七部分路跑比赛（Road Races）和第八部分越野跑、山地跑和野外跑（Cross Country, Mountain and Trail Races）。

经世界田联授权，中国田径协会组织翻译

并出版本书。本书包含世界田联《田径竞赛与技术规则》2024版的全部章节和说明内容，并纳入世界田联2024年全年更新发布的修订内容，且增加了"运动鞋规程""译者注"，便于读者全面、准确理解规则原版精神。为区别于2024年1月发布的英文原版，本书定版为2025版。

中国田径协会始终致力于提升规则翻译和中文表述的规范性、严肃性和逻辑性，不断调整完善原有竞赛规则的用词用语。本版也对前版语言描述的统一性和准确性进行了进一步的完善和修正。由于该版本变化较大，且世界田联发布修订频繁，在翻译及整合内容时难免出现错误或不尽如人意之处，希望大家提出宝贵意见和建议（如有，请以电子邮件形式发送至中国田径协会竞赛部邮箱jingsaibu@athletics.org.cn），以便再版时予以修正和完善。如果出现异议或不同的理解，则以世界田联颁布的最新英文版规则为准。

本次规则由谭进、刘后振、刘志强、吕季东、李继辉翻译，杨烽、杨中民、张苏审校，审定过程中听取了国际、国内诸多一线裁判专家的宝贵意见与建议。

中国田径协会
2025年6月

目　录

规则解释

除非具体规则或规程另有明确规定，本解释规则规定了适用于所有规则和规程（无论是在本解释规则生效之前还是之后发布的）的解释原则、其他一般规定和定义。

1. 解释的一般原则

1.1 世界田联章程与其他规则与规程不一致之处，以世界田联章程为准。

1.2 世界田联章程、规则及规程将以英文及法文出版，并以首席执行官决定的任何其他语言出版。如果其他版本与英文版本不一致，要以英文版本为准。

1.3 规则和规程应以保护和促进其各自目的的方式进行解释和适用。如果在比赛中出现相关规则或规程未预见的问题，应以同样的方式处理。

1.4 任何时候，如对比赛中任何规则或规程未予规定的事项，或者对其含义、适当解释或适用产生疑问，世界田联理事会可参照有关规则或规程的宗旨作出决定。

1.5 在所有规则和规程中，除非另有明确规定：

　　1.5.1 表示一种性别的词包括其他性别；

　　1.5.2 单数词包括复数，复数词包括单数；

　　1.5.3 除非另有说明，否则对条款、段落、附表和附录的引用是对这些规则或规程（如适用）的条款、段落、附表和附录的引用；

1.5.4　对规则或规程中任何条款的引用包括不时制定或发布的任何修改或后续条款；

1.5.5　凡提及国际田径协会联合会（或国际田联），均指世界田联，前身为国际田径协会联合会（或国际田联）；

1.5.6　关于立法，包括为取代该立法而修改或重新执行的其他立法，以及依据该立法由世界田联理事会或其他机构修订并公布的任何规程；

1.5.7　对协议的任何引用包括经不时修改、补充、更新或替换的协议；

1.5.8　"书面"或"书写"包括传真和电子邮件；

1.5.9　"可以"一词应指"由该人全权决定"；

1.5.10　除非另有定义，人包括自然人、法人团体和非法人团体（无论是否具有单独的法人资格），还包括该人的法人代表、继承人和许可受让人；

1.5.11　"天"是指一周中的任何一天，不仅限于工作日；

1.5.12 关于时间的表达是指欧洲中部标准时间；

1.5.13 标题和目录仅供参考，不得影响有关规则或规程出现疑问时的正确解释和适用；

1.5.14 附表及附录是所附表/附录的规则或规程的组成部分，但如规则或规程主体内的任何条文与附表或附录的内容不一致，要以规则或规程主体内的条文为准；

1.5.15 若提供评注，则应用于帮助正确解释所评注的条款；和

1.5.16 术语"包括""特别""例如"，或任何类似表达之后的任何词语要解释为说明性词语，且不得限制这些术语之前的词语、说明、定义、短语或术语的含义。

2. 一般规定

2.1 由于本规则和规程适用于全球，因此，在尽可能的情况下，本规则和规程的解释和适用不应参考特定的国家或地方法律，而应参考大多数（如果不是所有）法律体系共同适用的一般法律原则。但本规则和规程受摩纳哥法律管辖，并应根据摩纳哥法律进行解释和

适用（除了其法律冲突规则）。

2.2 如果规则或规程的任何条款或部分条款无效、非法或不可执行，则应视为删除，但这不影响其他部分规则或规程的有效性、合法性和执行性。

2.3 凡由世界田联制定的规则或规程，而未进一步指明其他决策机构，则该决定要由世界田联理事会或其选定的代表作出。

2.4 任何规则或规程将权力或职责授予某一人，此权力或职责须由该人行使或履行，除非授权于他人，而该等权力已获适当授权。

2.5 世界田联的官员或其他代表对任何规则或规程的规定的任何偏离，和/或该官员或其他代表所遵循的程序中的任何违规、遗漏或其他缺陷，均不应使任何认定、程序或决定无效，除非有证据表明该认定、程序或决定不可靠。

2.6 通知：

2.6.1 除非另有明确规定，根据规则或规程向世界田联发出的任何通知，无须进一步指定要向哪个机构或个人发出通知，只有以书面形式，英文或法文，并通过电子邮件发送至 notices@worldathletics.org，才算充分。为避免疑义，本规则不适用于任何诉讼、仲裁或任何形式的其他外部争议解决过程中任何程序或其他文件的送达。

2.6.2 任何个人（"通知方"）根据规则或规程发出的通知，如果以书面形式作出并由通知方的授权人签署或授权，并通过以下方式之一交付给接收方，则将被视为已充分发送给需要接收通知的一方（"接收方"）：

2.6.2.1 邮寄至接收方最后已知的地址；

2.6.2.2 通过专人（包括快递）递送至接收方已公布的实际地址；

2.6.2.3 通过电子邮件发送至接收方已公布的电子邮件地址；或

2.6.2.4 传真至接收方已公布的传真号码。

2.7 期限和时限：

2.7.1 任何规则或规程中规定自通知之日起计算的截止日期或时限，应当自通知发出之日起计算。任何规则或规程中规定自另一事件发生之日起计算的截止日期或时限，应当自另一行为或事情实施之日起计算。

2.7.2 法定节假日及非工作日均包括在截止日期和时限的计算中，但如果它们是该截止日期或时限的最后一天，则该截止日期或时限的最后一天将是下一个非法定节假日或工作日的日子。

2.7.3 如果在截止日期或时限到期之日的欧洲中部标准时间午夜之前发出通知、完成其他行为或事情，则视为已遵守截止日期或时限。

2.8 过渡条款：

2.8.1 除非另有规定，规则与规程应自世界田联理事会规定的日期生效。

2.8.2 世界田联理事会可随时酌情修订、补充、替换或撤销规则或规程。这些修订和/或补充和/或替换条款应自世界田联理事会指定的日期起生效。

2.8.3 除另有明确规定外，规则与规程（包括修订和补充或替代规定）如果是程序性的，则应追溯适用；但如果是实质性的，则不追溯适用，而只适用于生效后出现的问题。相反，规则或规程生效之日尚未解决的任何事项，以及该日期之后出现但与该日期之前发生的事实有关的任何事项，<u>应受该日期之前有效的规则和规程的实质性规定的管辖，除非适用从宽法原则。</u>

3. 一般适用定义

除非有相反的意图，本解释规则或规程，或者任何其他规则或规程中使用的定义词语和术语应以大写字母开头，并具有普遍适用定义中规定的含义或具有世界田联章程赋予它们的含义。

**WORLD
ATHLETICS.**

定　义

一般适用定义

除非世界田联章程或任何具体规则或规程另有明确规定，这些普遍适用的定义是某些常用术语的定义，适用于世界田联章程及所有规则和规程（无论是在这些普遍适用的定义生效之前还是之后发布）。

"反兴奋剂规则" 与世界田联章程中定义相同。

"地区联合会" 与世界田联章程中定义相同。

除非另有规定，**"运动员"** 是指任何根据协议、会员资格、隶属关系、授权、注册、报名或参与，而报名或参加世界田联及其成员协会或地区协会的田径赛事或比赛的人士。

除非另有规定，**"运动员保障人员"** 是指任何教练员、训练员、经理、授权运动员代表、经纪人、团队工作人员、官员、医疗或辅助医疗人员、家长或任何其他与运动员共事、治疗或协助该运动员参加或准备田径赛事或比赛的人员。

"田径" 与世界田联章程中定义相同。

"田径诚信机构" 与世界田联章程中定义相同。

"CAS" 与世界田联章程中定义相同。

"章程" 与世界田联章程中定义相同。

"国家" 是指世界上被国际法和国际政府机构认可

为独立国家的自治地理区域。

"**诚信行为准则**"与世界田联章程中定义相同。

"**诚信机构**"与世界田联章程中定义相同。

"**国际比赛**"与世界田联章程中定义相同。

除非另有说明，"**国际级运动员**"是指参加或正在参加国际比赛的运动员。

"**国际奥委会**"与世界田联章程中定义相同。

"**重大赛事组织**"是指作为任何洲际、地区或其他世界排名比赛的管理机构的任何国际综合运动组织（如国际奥委会）。

"**会员联合会**"与世界田联章程中定义相同。

"**人**"是指任何自然人（包括任何运动员或运动员支持人员）、组织或其他实体。

"**规程**"与世界田联章程中定义相同。

"**规则（Rule）**"是指世界田联理事会在其权力和职责范围内不时批准的原则、说明、指示、标准或程序，且不得与世界田联章程相抵触。除非另有说明，对"某项"规则（单数）的引用是指引用该规则。

"**规则（Rules）**"与世界田联章程中定义相同。

"**地区**"是指世界上不是一个国家，但具有自治需求的某一地理区域，它至少在管理当地体育运动的程度上具有自主性，且该自主性获得了世界田联的认可。

"WADA"与世界田联章程中定义相同。

"**世界田联全球日历**"是指世界田联网站上不时发布的比赛日历。

"**世界田径系列赛**"或者"**WAS**"是指世界田联四年一度的正式比赛计划中的比赛，例如世界田径锦标赛、世界田联室内田径锦标赛、世界田联青年U20田径锦标赛、世界田联接力赛、世界田联路跑锦标赛、世界田联竞走团体锦标赛、世界田联越野跑锦标赛，而世界田联系列赛事或 WAS 赛事是指其中任何一项赛事。

"**世界排名赛**"是指：

1. **世界田联举办或许可的比赛：**

   a. 世界田径系列赛。

   b. 奥运会。

   c. 运动员来自不同地区的综合运动会的田径项目和其他田径比赛。

   d. 邀请赛/巡回赛和标牌路跑赛事。

   e. 运动员来自不同地区的国际比赛。

2. **由地区协会举办或许可的比赛：**

   a. 地区锦标赛（所有分组和项目）。

   b. 地区内的比赛。

   c. 运动员来自同一地区的综合运动会田径项目和其他田径比赛。

d.　邀请赛/巡回赛和路跑赛事。

e.　运动员来自同一地区的国际比赛。

3.　**由国家会员协会举办或许可的比赛：**

a.　国家高级锦标赛（世界田联锦标赛和世界田联室内锦标赛比赛所涵盖的项目）。

b.　会员联合会确定的其他选定的国内比赛，这些比赛须符合世界田联规定的条款和条件并经世界田联批准。

田径竞赛规则

第一部分　通则

1.　举办比赛的授权

1.1　世界田联会同地区联合会和会员协会负责管理所有排名赛事的全球竞赛体系。世界田联安排竞赛日程和计划应统筹协调各地区联合会和部分会员协会的赛事，以避免或减少冲突。根据规则1条，所有国际排名赛事需经世界田联、地区联合会或会员协会授权。任何国际邀请赛事要成为系列赛/巡回赛或联赛，需由世界田联或相关地区联合会批准，审核资料包括竞赛规程和活动的条约性条款。赛事的运行可委托第三方。地区联合会未按本规则对世界排名赛事进行适宜管控，世界田联有权干预并采取其认为必要的措施。

1.2　世界田联对奥运会田径比赛和世界田径系列赛所含赛事享有独立举办权。

1.3　［此处留空待续。］

1.4　地区联合会有权举办地区锦标赛及其认为适宜的地区内赛事。

1.5　世界田联批准的赛事：

　　1.5.1　举办世界排名比赛定义1.（c）

（d）和（e）所列的全部国际赛事，需由世界田联批准。

1.5.2　有意愿举办世界排名赛事的国家或领地会员协会，会同相关赛事组织机构，应尽早向世界田联（采用规定程序）提出申请。

1.5.3　世界田联收到赛事申办报告，同意授权举办，将其纳入世界排名赛事计划并予以公布。

1.6　地区联合会批准的赛事：

1.6.1　举办世界排名比赛定义2.（b）（c）（d）和（e）所列的全部赛事，需经地区联合会批准。

1.6.2　有意愿举办世界排名赛事的国家或领地会员协会，会同相关赛事组织机构，应尽早向地区联合会（采用规定程序）提出申请。

1.6.3　地区联合会收到赛事申办书，同意授权举办，向世界田联报告并纳入世界排名赛事计划和予以公布。

1.7　需经会员协会批准的赛事：

1.7.1　举办世界排名比赛定义中3.（b）所列的全部赛事，需经会员协会批准。

1.7.2　外籍运动员可参加规则5条（符合

参加国际比赛资格要求）所述比赛。任何人不符合世界田联、主办田协和所属会员协会的规则要求，则不具备参赛资格。

1.7.3　申办世界排名比赛的国家或地区会员协会，需于比赛日期60天以前，通过全球竞赛计划平台提交申请。

1.7.4　世界田联收到赛事申办书，同意授权举办，将其纳入世界排名赛事计划并予以公布。

2.　国际排名比赛规程

2.1　世界田联理事会在规则之下，制定世界排名比赛规程，管理比赛运行，并规范运动员、运动员代表、比赛组织者和会员协会之间的关系。理事会在其认为合适的情况下，可对规程进行修改和增补。

2.2　世界田联和地区联合会可指派一名或多名代表，参与所有批准的世界排名比赛，以确保适宜比赛规则和规程的执行。该代表应根据世界田联或地区联合会各自的要求，在世界排名比赛结束后30日内提交一份关于问题的报告。

第二部分 官员

3. 国际官员

3.1 举办世界排名比赛定义1.（a）（b）（c）（d）和2.（a）（b）（c）（d）所列比赛，应从国际上指派下列官员：

3.1.1　组织代表（1人或多人）

3.1.2　技术代表（1人或多人）

3.1.3　医务代表

3.1.4　反兴奋剂代表

3.1.5　世界田联裁判长（多人）

3.1.6　世界田联竞走裁判员（多人）

3.1.7　国际公路赛道丈量员

3.1.8　世界田联发令员

3.1.9　世界田联终点摄影裁判员

3.1.10　申诉委员会

在适用的世界田联（或地区联合会）技术规程中，应明确说明指派各类官员的数量、方式、时间以及派出机构。

举办世界排名比赛定义1.（a）（d）和（e）所述比赛，世界田联理事会可指派1名广告管理专员。举办世界排名比赛定义2.（a） （c）（d）和（e）所述比赛，应由相关地区联合会指派。举办世界排名比赛定义1.（c）所述比赛，应由相关机构指派。举办世界排名比赛定义3所述比赛，应由相关会员协会指派。

注（ⅰ）：国际官员应穿戴易于区别的服装或徽章。

注（ⅱ）：本规则3.1.5至3.1.9条涉及国际官员应按照世界田联相关政策分类。

由世界田联或地区联合会按照此规则或竞赛规则2.2条指派的官员的差旅和食宿费，应由赛事组织者依相关规定支付给个人。

4.　组织代表

组织代表应始终与组织者保持密切联系，定期向世界田联理事会（或地区联合会或其他相关管理机构）提交报告。必要时，还应处理承办会员协会和组织者的有关职责和财务责任问题。组织代表应与技术代表配合工作。

5.　技术代表

5.1　技术代表与组织者一起，提供一切必要的帮助，共同保证全部技术性安排完全符合《技术规则》和《世界田联田径场地设施手册》的要求。

指派邀请赛之外赛事的技术代表：

5.1.1 确保向相关组织提交竞赛日程和报名标准的建议；

5.1.2 批准比赛使用的器械清单，以及是否允许运动员使用自备器材或供应商提供的器械；

5.1.3 确保在赛前的适当时间，向所有参赛会员协会发送适用的技术规程；

5.1.4 负责举办田径比赛所有其他必要的技术准备；

5.1.5 管控报名，并有权以技术性原因或根据技术规则8.1条拒绝报名（如出现非技术性原因而拒绝报名，应由世界田联、相关地区联合会或其他相关管理机构作出裁决）；

5.1.6 决定田赛项目的及格标准，以及径赛项目赛次的安排原则；

5.1.7 根据本规则和适用的技术规程，安排所有项目的抽签办法和抽签，确认所有参赛者名单；

5.1.8 在适当的情况下，与比赛组织者一起，对于在比赛前发生的任何问题，以及本规则（或任何适用的规程）中未作规定的任何事宜或竞赛安排，作出裁决；

5.1.9 对于比赛期间发生的任何事情，以及本规则（或任何适用的规程）中未作规定的任何事宜或竞赛安排，抑或是对比赛的全部或部分做必要的变动，作出裁决（包括在适当情况下，与相关裁判长和竞赛主任一起），以确保比赛全部或部分继续进行，或确保参赛者的公平参赛；

5.1.10　根据要求，主持技术会议，并简要介绍裁判长；

5.1.11　确保赛前提交比赛准备情况的书面报告，以及赛后提交比赛执行情况的总结，包括对未来赛事的建议。

邀请赛的技术代表，应向组织者提供一切必要的支持和建议，并确保提交比赛执行情况的书面报告。

《技术代表指南》的详细内容，可在世界田联网站下载。

竞赛规则5条（以及竞赛规则6条的相似表达）详尽阐述了目前裁判实践中各个代表和国际官员的任务与职责。这也使技术代表和医务代表（或他们的代表）在比赛过程中的职责范围更加明晰，尤其是对突发事件的处理，比如在外场比赛中，运动员需要医疗护理的情况。然而，规则中属于裁判长职责和权限范围的事宜，处理方法不变。规则的加强部分不应视为情形的变化——只是涵盖了没有明确表达的部分。

6. 医务代表

6.1 医务代表应当：

6.1.1 对所有医疗事务具有最终权威；

6.1.2 根据技术规则6.1条，应确保在比赛场地、训练和热身场地有足够的医学检查、治疗、急救护理设施设备，并在运动员住地提供医疗看护；

6.1.3 根据技术规则4.4条，进行医学检查和提供医学证明；以及

6.1.4 有权要求运动员在赛前或赛中立即退出比赛。

注（i）：竞赛规则6.1.3条和6.1.4条所述权利可由医务代表（在没有指派医务代表或其不在场的情况下）交给组织者指定的1名或多名医生，该人员应佩戴明显的袖标、穿着背心或类似的服装。如果医务代表或医生无法立刻到位，其可指派1名官员或其他授权人士代为行使职权。

注（ii）：根据竞赛规则6.1.4条，未参赛或中途退赛的跑或竞走项目的运动员，成绩单上应分别记录为DNS和DNF。任何不遵守此规定的运动员，将被取消该项目的比赛资格。

注（iii）：根据竞赛规则6.1.4条，未参赛或中途退赛的田赛项目的运动员，如果退赛时尚未开始试

跳（掷），成绩单上应记录为DNS。如果已经试跳（掷），则相应成绩应保留并依此排名。任何不遵守此规定的运动员，将被取消继续参加该项目比赛的资格。

注（iv）：根据竞赛规则6.1.4条，未参赛或中途退赛的全能项目的运动员，如果退赛时尚未开始首个项目，成绩单上应记录为DNS。但是，如果已经尝试开始了第一项比赛，则技术规则39.10条将适用。任何不遵守此规定的运动员，将被取消继续参加该项目比赛的资格。

世界田联、其他管理机构和赛事组织者非常关心所有参赛运动员的健康与安全。一名备受尊重和合格的拥有专业知识技能的人士担任医务代表是完成这些重要任务的关键，尤其是从医学角度考虑认为有必要的话，他（或者由组织者或他授权的人士）除其他职责外还有责任让运动员退出比赛。需要注意的是，医务代表（或者依其要求/代替其工作的医生）的权利适用于所有比赛。

至关重要的是，在医务代表（以及被授权行使其职责的人）、技术代表和竞赛主任之间应建立可靠的通信体系和程序，特别是关系到履行上述竞赛规则6.1.3条和6.1.4条的职责，这将直接影响参赛名单、成绩单和比赛的管理。

7. 反兴奋剂代表

反兴奋剂代表应与组织者建立联系，以保证有足够的设备用于兴奋剂检查。他应负责所有有关兴奋剂检查的事宜。

8. 世界田联裁判长

8.1 如果相关组织没有事先指定，技术代表应在已指派的世界田联裁判长中指定1人为世界田联裁判长组长。只要有可能，该组长必须与技术代表合作，为比赛日程中的每个项目指派至少1名世界田联裁判长。该世界田联裁判长应为指派项目的裁判长。

8.2 在越野跑、路跑、山地跑及野外跑中，如果指派了世界田联裁判长，他应为组织者提供所有必要的支持。当所负责的项目进行时，他必须始终在场，并确保比赛的实施完全符合世界田联规则和适用的技术规程，以及技术代表所做的相关决定。该世界田联裁判长应为指派项目的裁判长。

《世界田联裁判长指南》提供具体信息，可从世界田联网站下载。

9. 世界田联竞走裁判员

被指派世界排名比赛定义1.（a）和（b）所有比赛的竞走裁判员，都必须是世界田联金级竞走裁判员。

被指派为世界排名比赛定义1.（c）（d）和2.（a）（b）（c）（d）所述比赛的竞走裁判员，必须是世界田联金级、银级或铜级竞走裁判员。

10. 国际公路赛道丈量员

举办所有世界排名比赛，应指派国际公路赛道丈量员，或按照世界田联要求以确保全部或部分在体育场外举行的公路项目赛道得到丈量。

丈量员应是世界田联/国际马拉松及长跑协会（AIMS）国际公路赛道丈量员小组成员（A级或B级）。

应在比赛前的适当时间内丈量赛道。

丈量员还应检查和核实赛道，如他认为此赛道符合路跑规则（见技术规则54.11条、55.2条、55.3条和相关备注），则应予以认证。他还应确保遵守竞赛规则31.20条和31.21条，以备世界纪录产生。

他应与赛事组织者合作安排赛道，并监督比赛进行，以确保运动员所跑的赛道是他丈量和批准的赛道。他应将批准的证书提供给技术代表。

11. 世界田联发令员和世界田联终点摄影裁判员

世界排名比赛定义1.（a）（b）（c）和2.（a）（b）所述的所有在体育场内举行的比赛，世界田联理事会、相关地区联合会或主管部门应指派1名世界田联发令员和1名世界田联终点摄影裁判员。技术代表指定的项目应由世界田联发令员发令（及执行其他职责），并监控起跑信息系统的校检和操作。世界田联终点摄影裁判员应监督所有终点摄影裁判组的工作并担任终点摄影主裁判。

《发令指南》和《终点摄影指南》提供了具体信息，可从世界田联网站下载。

值得注意的是，虽然在某些赛事中世界田联终点摄影裁判员任终点摄影主裁判，世界田联裁判长担任裁判长，但是对于世界田联发令员和发令团队的其他成员，其职责仍然有明确的划分。虽然世界田联发令员在其所指定的项目中拥有发令员的所有权利和承担发令员的所有职责，但他们在任何时候都不能取代或推翻起点裁判长的决定。

12.　　申诉委员会

举办世界排名比赛定义1.（a）（b）（c）和2.（a）（b）所述全部比赛，应指派一个申诉委员会，通常由3人、5人或7人组成。其中1人为主席，1人为秘书。如果可能及条件许可，秘书可以是申诉成员之外的一人。

当申诉涉及技术规则54条时，申诉委员会中应至少有1人为现任世界田联金级、银级或铜级竞走裁判员。

申诉成员不得出席任何与自己国家协会运动员有直接或间接影响的申诉裁决过程。在相关申诉委员会没有这样做的情况下，申诉主席应让本规则规定中所指的任何成员回避。世界田联理事会或相关管理机构应该指派1名或多名替补申诉委员来替换任何不能够参加申诉的申诉委员。

此外，其他比赛中，如组织者有意愿或认为对保证比赛的正常进行有必要时，也可设置申诉委员会。
申诉委员会的基本职责是处理技术规则8条提及的所有申诉，并对赛中需要申诉的其他事宜作出裁决。

13. 赛事官员

比赛组织者和/或相关管理机构，应根据比赛主办国会员协会规则指派全部官员。在举办世界排名比赛定义1.（a）（b）（c）和2.（a）（b）所述的比赛时，应根据规则和有关管理机构的程序指派全部官员。

设置下列官员对于较好地执行比赛具有重要意义。但是，组织者可以根据当地情况进行调整。

管理官员

  ——竞赛主任（见竞赛规则14条）

  ——赛事总管和足够数量的赛事总管助理（见竞赛规则15条）

  ——技术主管和足够数量的技术主管助理（见竞赛规则16条）

  ——项目展示主管（见竞赛规则17条）

竞赛官员

  ——检录裁判长（1人或多人）

  ——跑和竞走项目裁判长（1人或多人）

  ——田赛裁判长（1人或多人）

  ——全能裁判长（1人或多人）

  ——视频裁判长（1人或多人）

——跑和竞走项目主裁判1人和足够数量的跑和竞走项目裁判员（见竞赛规则19条）

——田赛主裁判每项1人和足够数量的田赛裁判员（见竞赛规则19条）

——场地竞走主裁判每项1人，足够数量的竞走主裁判助理以及竞走裁判员5人（见技术规则54条）

——公路竞走主裁判每项1人，足够数量的竞走主裁判助理以及竞走裁判员8人（见技术规则54条）

——必要时，可指派其他竞走比赛官员，包括记录员、犯规显示牌操作员等（见技术规则54条）

——检查主裁判1人和足够数量的检查裁判员（见竞赛规则20条）

——计时主裁判1人和足够数量的计时员（见竞赛规则21条）

——终点摄影主裁判1人和足够数量的终点摄影主裁判助理（见竞赛规则21条和技术规则19条）

——感应计时主裁判1人和足够数量的感应计时主裁判助理（见竞赛规则21条和技术规则19条）

——发令协调员1人、足够数量的发令员

和召回员（见竞赛规则22条）

——助理发令员多人（见竞赛规则23条）

——记圈主裁判 1人和足够数量的记圈员（见竞赛规则24条）

——竞赛秘书 1人和足够数量的竞赛秘书助理（见竞赛规则25条）

——技术信息中心（TIC）主管 1人和足够数量的技术信息中心（TIC）主管助理（见竞赛规则25.5条）

——场地管理主裁判1人和足够数量的场地管理裁判员（见竞赛规则26条）

——风速测量员多人（见竞赛规则27条）

——测量主裁判（电子类）1人和足够数量的测量主裁判（电子类）助理（见竞赛规则28条）

——检录主裁判1人和足够数量的检录裁判员（见竞赛规则29条）

——广告管理专员1人（见竞赛规则30条）

其他工作人员

——宣告员（多人）

——统计员（多人）

——医生（多人）

——为运动员、官员和媒体服务的人员（多人）

裁判长和主裁判应穿着和佩戴易于识别的服装或徽章。必要时可指派助理，但应尽可能减少比赛场地内的官员和其他人员数量。

比赛应指派足够数量的官员，以确保相应的职责能够正确和高效地履行，且需保证官员在单日长时间比赛期间或连续数日比赛中有足够的休息时间。但也要注意不能指派太多官员，容易造成比赛区域的混乱或被不必要人员妨碍。越来越多的比赛中，科技产品正"取代"场内官员的一些职责。因此，指派官员时应考虑客观需要，合理安排后备人员。

安全提示

田径比赛中竞赛官员有许多重要的职责，但最为重要的是他们需要确保所有人员的安全。田径场馆也处处有危险。投掷出的器械沉重而尖锐，对飞行轨迹上的任何人员都会构成威胁。跑道或助跑道上高速跑进的运动员，不仅可能伤及自我，还可能伤害到任何冲撞到他的人。参加跳跃比赛的运动员往往会以意想不到的或者意外的方式落地。天气及其他条件也会使田径比赛暂时的或长时间的不安全。

已经有运动员、官员、摄影师和其他一些人在比赛和训练区域中或靠近这些区域而受伤（有时是致命的）的例子。其实，许多伤害是可以避免的。

官员们必须时刻警觉体育与危险共存，必须时刻警惕且绝不能分心。不管在什么岗位，所有官员都有责任尽其所能确保田径场馆更加安全。所有官员一旦进入比赛场地，应随时随地考虑安全问题，并在预见潜在危险情形时进行必要的干预以防止事故发生。确保安全至关重要，甚至比严格遵守比赛规则还重要得多。在极个别因素发生冲突的情形下，必须优先考虑安全。

14.　竞赛主任

竞赛主任要与技术代表及其他相关代表合作：

14.1　制定比赛的技术方案，包括项目展示和颁奖仪式；

14.2　确保方案在比赛前和比赛中得以实施；

14.3　确保任何技术问题得以解决或补救方案得以落实；

14.4　指挥赛事参与者的协调配合；

14.5　通过通信系统，与主要官员及参与比赛传递和广播的其他相关人员保持联系畅通；

14.6　全程与项目展示经理合作，确保竞赛规则17条的执行；

14.7　确保根据竞赛规则29.1.1条，按时准备和公布检录时间表；

14.8　与发令协调员联系，确保竞赛规则22.1.3条得以有效实施；

14.9　完全了解比赛的适用规程，以及技术和信息系统的功能；

14.10　依据技术规则7.5条，处理相关事宜。

在比赛期间，为确保高效运行，竞赛主任应位于最佳观察位置，靠近项目展示团队，并有完善、可靠的联系方式和监控系统。

15. 赛事总管

赛事总管要对比赛的正常运行负责。他应检查所有裁判员的到岗情况，必要时可指派替补裁判员，并有权撤换任何不遵守规则的裁判员。与指派的场地管理裁判员配合，仅允许经授权的人员停留在比赛场地内。

注：如果比赛超过4小时或超过1天，建议配备足够数量的赛事总管助理。

赛事总管应在竞赛主任的领导下，按照技术代表的指示及决定，负责比赛场地内的所有事项。在体育场内，他必须处于能够看到赛场发生所有情况的位置，并作出必要的指令。赛事总管必须有所有指派官员的完整名单，并能够与其他主管、裁判长和主裁判进行高效的沟通。

在连续多日的比赛中，尤其是部分裁判员可能无法执裁整个赛事的比赛中，应有后备官员可以在赛事总管认为必要时进行补位。即使所有官员都已到位，赛事总管也应确保所有官员能够正确履职，否则，应进行替换。

赛事总管要确保所有裁判员（及其辅助人员）在其负责项目结束后或者其后续工作完成后尽快离开场地。

16. 技术主管

16.1 技术主管负责确保：

  16.1.1 径赛项目的跑道和田赛项目的助跑道、投掷圈、投掷弧、扇形区、落地区，以及所有器材和器械符合本规则要求；

  16.1.2 根据技术代表批准的比赛技术组织方案放置和移除比赛器材与器械；

  16.1.3 比赛场地的技术性安排符合比赛技术组织方案；

  16.1.4 根据技术规则32.2条，对允许比赛的自备器材进行检查和标记；和

  16.1.5 在赛前已获得或知悉符合技术规则10.1条规定的必要认证。

技术主管在竞赛主任或赛事总管的领导下工作，但经验丰富的技术主管应无须指导或监督就能行使自己的职权。他们应随时可被联系到。如果裁判长或田赛项目主裁判注意到正在比赛（或即将比赛）的场地需要进行调整或改善，必须向赛事总管报告，并由赛事总管指示技术主管采取必要措施。此外，如果裁判长认为需要改变比赛场地（技术规则25.20条），他也同样需经赛事总管并由其要求技术主管执行裁判长的要求。必须牢记的是，无论风力还是风向变化，都不足以成为变更比赛场地的理由。

一旦竞赛主任或技术代表批准了比赛使用的器械清

单，技术主管要准备、购置并接收各种器械。对于技术主管，他及其团队必须仔细检查器械的重量、尺寸，以及任何被允许和提交的自备器材，确保器械符合规则。若创造纪录时，他必须确保以正确、高效的方式执行竞赛规则31.17.4条。

对于投掷器械，"应提供给组织者的器械生产厂家及范围信息"已于2017年从规则中移除，并转移到世界田联认证体系的有关文件中。尽管如此，技术主管在接收供应商的新器械时也要遵循这些指南，但不应该因为器械超出了该范围而拒绝提交了或比赛中使用过的器械。就这点而言，最为重要的是器械重量的最小值。

17. 项目展示主管

项目展示主管要与竞赛主任共同策划比赛项目的展示安排，必要时与组织代表和技术代表合作。项目展示主管负责展示计划的具体实施，与竞赛主任和相关代表一起解决任何相关问题。他还应指挥项目展示团队成员相互协作，并使用通信系统与团队成员保持联系。

他要确保通过宣告和其他可行技术，使公众获悉各项目参赛运动员的信息，包括参赛名单、分段成绩和最终成绩。收到信息后，尽早发送每个项目的官方成绩（名次、时间、高度、远度和得分）。

在举行世界排名比赛定义1.（a）和（b）所述比赛时，世界田联理事会要指派英语和法语宣告员。

项目展示主管不仅要负责计划、领导和协调赛场内进行的所有活动的展示制作，还应将其融入给场内观众展示的节目中。他工作的终极目标是为观众呈现一场提供有用信息的、有趣的、生动的以及有吸引力的节目。拥有一个团队及必要的设备以开展有关工作至关重要。项目展示主管负责协调场内外展示团队工作人员的活动，包括但不限于宣告员、文字显示屏与视频显示屏操作员、音频与视频技术人员以及颁奖仪式人员等。

几乎所有赛事，宣告员都是必不可少的。他必须身处能够跟进比赛进程的地方，最好是接近或者随时能够与竞赛主任或指派的项目展示主管进行沟通的地方。

18. 裁判长

18.1 根据情况，应分别指派1名（或多名）检录、跑和竞走项目、田赛和全能裁判长。如果需要，应指派1名（或多名）视频裁判长。被指派监督起点工作的裁判长则为起点裁判长。

视频裁判长要在视频控制室内工作，并与其他项目裁判长进行商议和保持联系。

在有足够的官员可用的比赛中，为比赛任命1名以上裁判长，强烈建议裁判长中一人被任命为起点裁判长。需要明确的是，在这种情况下，起点裁判长应履行起点相关裁判长的职权，并且这样做时不需要向任何其他径赛裁判长报告或通过任何其他径赛裁判长行事。

然而，如果比赛仅有1名裁判长，考虑到他的职权，强烈建议裁判长位于起点区域，在每次发令期间（至少在使用蹲踞式起跑的比赛时），观察任何最终可能发生的问题，并作出解决问题所需的任何决定。当使用了世界田联认证的起跑信息系统时，该项工作会更容易些。

如果没有起点裁判长，或裁判长没有时间在发令程序后到终点（在100米、100/110米栏和200米比赛中），以及预见了可能需要裁判长来决定名次时，一个好的解决方法是指派发令协调员（应具有作为发令员的丰富经验）为起点裁判长。

18.2　如果适当或必要时，与技术代表一起，裁判长要确保本规则和规程（以及每个特定比赛的其他规程）得到执行，并裁决比赛中关于比赛行为的任何抗议和异议，处理发生于比赛期间（包括热身场地、检录处和赛后，直至颁奖仪式），以及本规则（或任何适用的规程）未作明文规定的任何事宜。

裁判长不能替代裁判员和检查裁判员判罚，但是可以根据自己的观察依据规则做出任何处理和裁决，而且可以否决裁判员的裁决。

注：就本规则和适用规程（包括营销和广告规程）而言，当所有直接相关的活动（包括拍照、绕场庆祝、观众互动等）全部完成

时，颁奖仪式才算结束。

需要详细说明的是，裁判长没有必要在收到裁判员或者检查员的报告之后再作出取消比赛资格的决定。他可以随时根据自己的直接观察进行判罚。

上述注可解释为包括所有关于或伴随颁奖仪式的事项，该项目的裁判长都要对此负责。当颁奖仪式在不同地点或不同单元举行时，按照常规，如果原项目裁判长无法到场管控，则要指派另一裁判长代为行使职责。另见竞赛规则5条后的绿色文字注释。

18.3 只有在相关裁判员对运动员名次存在争议而无法判定时，跑和竞走项目裁判长才有权判定比赛的名次。他们无权管辖竞走主裁判职责范围内的事宜。

起点裁判长（或如果没有指派时，即为相关跑和竞走项目裁判长）如果不同意发令团队作出的决定，他有权决定发令的相关事宜，但是，使用了世界田联认证的起跑信息系统并检测到明显的起跑犯规的情况除外，除非该裁判长有理由确定该起跑信息系统提供的信息明显不准确。另见技术规则8.4.1条。

全能裁判长对全能项目比赛进程和全能项目中各单项比赛进程具有管辖权（当有一位起点裁判长可用并被指派时，他们管辖的事宜除外）。

18.4 相关裁判长要审核最终比赛成绩，处理任何有争议的问题，并与指定的测量主裁判（电子类）共同监督纪录成绩的测量。在项目每轮比赛结束后，要立即完成成绩记录单的填写，由相关裁判长或终点摄影主裁判签名（或其他认可形式），并送达竞赛秘书。

18.5 相关裁判长根据技术规则7.1条，有权对任何运动员或接力队予以警告或取消比赛资格。

18.6 只要新的决定可适用，裁判长可以根据任何可用的证据重新作出决定（无论是在一开始还是在出现抗议时）。通常，此类重新裁决可能在相关项目的颁奖仪式举行之前，或在申诉委员会作出适当的裁决之前作出。

此规则阐明了与申诉委员会一样（见技术规则8.9条），裁判长可以重新作出决定，无论是在一开始作出决定时，还是在针对向他提出抗议时。特别是当收集到新的证据后，重新裁决可以避免向申诉委员会提出更为复杂的申诉需要。但要注意此类重新裁决的实际时间限制。

18.7 在任何比赛中，如果相关裁判长认为某项比赛或某项比赛的任何部分应予重赛方为公允时，有权宣布该项比赛或该项比赛的任何部分无效，并要作出在当日或其他时间进行重新比赛的决定（见技术规则8.4条和17.1条）。

裁判长及申诉委员会应特别注意的是，除非常特殊的情况外，运动员如未完成比赛，不应晋级下一轮或者进行重赛。

18.8　　当残疾运动员根据本规则参加比赛时，有关裁判长可以解释或允许相关规则的不同形式（除技术规则6.3条外）出现，从而让运动员能够参加比赛，只要这种规则的改变不给运动员提供任何相对于其他同项目参赛运动员更有利的条件。如果这种决定引起争议或对这种改变有任何质疑，要提交至申诉委员会。

注：本规则并不旨在允许视障运动员的引导员参加比赛，除非特定的比赛规程明确允许。

此规则便于让有残疾的可行动的运动员与健全运动员共同参加田径比赛。例如，手臂截肢运动员无法严格遵守技术规则16.3条——在蹲踞式起跑中双手接触地面。此规则使起点裁判长能够解释有关规则并允许运动员将残肢置于地面，或者在起点线后的地面上放置木块或类似物体以便于残肢接触，或者在上臂截肢运动员残肢无法接触地面时，可采用不接触地面的起跑姿势起跑。

值得注意的是，此规则不允许裁判长以技术规则6条有关内容来解释，特别是使用能给佩戴者获取有利条件的技术或设备（见技术规则6.3.3和6.3.4条，特别规定了假肢和其他辅助设备的使用）。

当残疾运动员与健全运动员在同一时间参加同一比赛，且与规则不一致时（不管是因为规则有特殊规定，还是裁判长无法按照竞赛规则18.8条进行充分解释），应单独公告这些运动员的成绩，或在成绩单上明确标示出来（见竞赛规则25.3条）。不管怎样，在报名、参赛名单和成绩中，标明参加比赛的残疾运动员的IPC（国际残奥委员会）级别总是用的。

19. 裁判员

通则

19.1 跑和竞走项目主裁判与田赛各项目主裁判要协调本组裁判员的工作。如裁判员未事先分工，主裁判要进行分工。

19.2 只要新的决定更适用，裁判员发现原先决定错误，他可以重新作出决定。或者，如果裁判长或申诉委员会随后作出决定，裁判员要向裁判长和申诉委员会提供所有可用的信息。

跑和竞走项目

19.3 裁判员必须在跑道或赛道的同一侧执行任务，要判定运动员抵达终点的名次。遇到任何无法作出决定的情况时，要将问题提交相关裁判长，由裁判长作出判定。

注：裁判员的位置应距终点至少5米，并与终点线在同一直线上。应为裁判员提供升高的平台。

田赛项目

19.4　　在所有田赛项目中，裁判员要判定和记录运动员每次的试跳（掷），并测量运动员每次有效试跳（掷）的成绩。在跳高和撑竿跳高项目中，横杆提升时要准确测量，特别是运动员试跳纪录高度时。至少应安排两名裁判员对所有试跳（掷）进行记录，并在每轮次比赛结束后核对记录结果。

相关裁判员通常要举白旗或红旗以示意一次试跳（掷）的成功或失败。用视觉设备显示替代也可被批准。

除非裁判员确认有违反规则的情况，他们通常会作出运动员是无辜的考量，作出成功试跳（掷）的决定并举白旗示意。但如指派了视频裁判长且可以查看比赛录像时，裁判员若有疑虑，可与现场执裁的裁判长商议延迟举旗，在征求视频裁判长的意见后再作出判定——试跳（掷）有效的话要始终保护好落地点或测量距离。或者，裁判员若确实有疑虑，可以在举红旗后，确保保护好落地点或测量距离，然后征求视频裁判长的意见。

建议田赛每个项目只使用一套红白旗，以减少试跳（掷）有效判罚的混乱情况。对于跳跃项目，完全没必要使用多余一套红白旗。若在远度跳跃项目中没有可用的风速显示牌，则应使用除红旗外的其他形式来显示超风速的读数。

关于在投掷项目中的情况：

a. 投掷圈裁判员向举旗裁判员提示有犯规情况时，建议使用非旗示的另一种形式表示，如裁判员手举小红牌；

b. 投掷器械落地点在落地区角度线上或在落地区角度线以外时，建议使用非旗示的另一种形式表示，如裁判员伸展手臂并使手臂平行于地面；

c. 判定标枪的金属枪头未先于标枪的其他部位触地时，建议使用非旗示的另一种形式表示，如裁判员将张开的手推向地面。

20. 检查裁判员（跑和竞走项目）

20.1 检查裁判员是裁判长的助手，无权做最终裁决。

20.2 相关裁判长要指定检查裁判员站在能密切观察比赛的地点。如发现运动员或其他人员犯规或违例时（技术规则54.2条除外），应立即向有关裁判长提交书面报告。

20.3 出现违反规则的情况，应举黄旗示意或采用任何经技术代表批准的有效方法通知有关裁判长。

20.4 要指派足够数量的检查裁判员在各接力区检查接力赛跑。

注（ⅰ）：当检查裁判员观察到运动员离开自己的跑道进入其他分道或在接力区外进行交接棒时，检查裁判员应立即用适当的材料在跑道上标出犯规地

点，或在纸上做类似标记，或通过电子手段记录。

注（ii）：即使运动员（或接力队）没有完成比赛，检查裁判员也要将任何违反规则的情况报告给有关裁判长。

检查主裁判（见竞赛规则13条）是跑和竞走项目裁判长的助手，指定每个检查裁判员的位置以及协调工作和报告。从世界田联官方网站可下载检查裁判员（根据可用人数）在不同径赛项目中推荐位置的图表。但必须说明的是，图表只提供了一种借鉴。应由赛事总管与跑和竞走项目的裁判长商议，根据赛事等级、报名人数以及可用裁判人数来确定检查裁判员的数量。

关于犯规的标示

当比赛在塑胶跑道上进行时，通常向检查裁判员提供胶布以便其标记犯规发生的位置，尽管规则［见上述注（i）］现在明确可以使用其他方法且经常使用其他方式进行标示。

要注意的是，若检查裁判员未能用特定方式报告犯规情况（或完全没有），也不影响作出取消比赛资格的决定。

检查裁判员"报告"所有其认为犯规的情况是非常重要的，即使运动员或运动队当时还没有完成比赛。技术规则8.4.4条的增加旨在规范实践并补充竞赛规则20.4条的注（ii）——因为世界各地的做法存在明显差异。

总体的标准做法应是，如果运动员或接力队没有完成比赛，则通常标示为DNF而不是DQ，包括在跨栏比赛中，运动员违反技术规则明显停止了比赛但最终到达终点的情况。技术规则8.4.4条适用于此类运动员或代表队提出抗议的情况。

21. 计时员、终点摄影裁判员和感应计时裁判员

21.1 使用手计时计取比赛成绩时，将根据运动员的报名人数指派足够数量的计时员，指定其中1人为计时主裁判，他为计时员分配任务。当使用全自动计时和终点摄影系统或感应计时系统时，这些计时员将作为后备计时员进行工作。

21.2 计时员、终点摄影裁判员和感应计时裁判员要根据技术规则19条进行工作。

21.3 使用全自动计时和终点摄影系统时，要指派1名终点摄影主裁判和足够数量的终点摄影主裁判助理。

21.4 使用感应计时系统时，要指派1名感应计时主裁判和足够数量的感应计时主裁判助理。

《人工计时指南》可从世界田联网站下载。

22. 发令协调员、发令员和召回员

22.1 发令协调员的职责如下：

22.1.1 划分发令团队成员的职责。但在举办世界排名比赛定义1.（a）（b）

（c）和2.（a）（b）（c）所述的比赛时，将由技术代表确定哪些项目由世界田联发令员承担发令工作。

22.1.2　监督发令团队每位成员履行职责的情况。

22.1.3　接到竞赛主任的有关命令后，确认所有计时员、相关裁判员和终点摄影主裁判、感应计时主裁判、风速测量员都已准备就绪，通知发令员开始发令程序。

22.1.4　作为计时设备公司技术人员和裁判员之间的对话者。

22.1.5　保存发令过程中产生的所有纸质文件，包括起跑反应时和/或起跑犯规波形图（如果有）。

22.1.6　确保依据技术规则16.8条或39.8.3条作出的任何裁决，按技术规则16.9条规定的程序执行。

发令团队所有成员必须通晓规则且知道如何解释规则。发令团队也必须清楚该如何按照规则执行发令程序，以确保比赛的连续及不延误。他们还必须相当清楚发令团队每个成员的职责和角色，特别是发令员和起点裁判长。

22.2　发令员的主要职责是确保所有参赛人员公平

公正地起跑，发令员要完全掌控"各就位"的运动员。在蹲踞式起跑的比赛中，使用起跑信息系统帮助发令时，要适用技术规则16.6条。

22.3 在发令过程中，发令员要使自己处于能够完全看清所有起跑运动员的位置。

建议在每条分道上摆放一个扩音器，以便使口令、发令及任何召回信号同时传至所有运动员，在梯形起跑时更应如此。

注：发令员站位时，要使自己以狭窄的视角就能观察到全部运动员。运动员采用蹲踞式起跑时，在发令枪响或发令设备启动前，发令员的站位应使自己能看清运动员在鸣枪前的"预备"姿势均处于稳定状态（规则中所有发令设备均称为"发令枪"）。在采用梯形起跑的比赛中，如未使用扩音器，则发令员的位置与每名运动员之间的距离要大致相等。如发令员不能取得这种位置，要将发令枪置于该处，用电子触发装置发令。

发令员的口令必须清晰并让所有运动员听到，但应避免在发令时喊叫，除非他离运动员很远且没有扩音系统。

22.4 要指派1名或多名召回员协助发令员工作。

注：200米、400米、400米栏、4×100米接力赛、4×200米接力赛、异程接力赛和4×400米接力比赛时，至少要有2名召回员。

22.5 召回员的站位要使自己能看清所负责的每位运动员。

22.6 如果观察到任何违反规则的情况，发令员和/或每位召回员要召回或中止比赛。召回或中止发令后，召回员应向发令员报告他的观察情况，由发令员决定是否给予以及要给哪名（些）运动员警告或取消比赛资格的判罚（另见技术规则16.7条和16.10条）。对于运动员违反纪律的行为，则由裁判长作出决定（另见技术规则16.5条）。

22.7 只有发令员有权依据技术规则16.8条和39.8.3条作出警告和取消比赛资格的判罚（另见竞赛规则18.3条）。

在解释此规则及技术规则16条时，有必要考虑竞赛规则18.3条，因为实际上发令员和起点裁判长都可以判定起跑是否公允。反过来说，召回员没有此项权利，当他召回起跑后，他不能单独行事，且必须向发令员报告他的观察情况。

《发令指南》可从世界田联网站下载。

23. 助理发令员

23.1 助理发令员要检查运动员的参赛项目、组次和佩戴号码是否正确。

23.2 助理发令员须正确安排每名运动员的道次或站位，使运动员在起跑线后约3米处（如为梯形起跑，则站在各自分道起跑线后大约3

米处）集合。完成这项工作后，要向发令员示意一切准备就绪。当下令重新起跑时，助理发令员要重新召集运动员。

23.3 接力赛跑时，助理发令员要负责为第一棒运动员准备接力棒。

23.4 发令员对运动员发出"各就位"的口令时，助理发令员必须保证技术规则16.3条和16.4条得到遵守。

23.5 当发生起跑犯规时，助理发令员要根据技术规则16.9条执行。

24. 记圈裁判员

24.1 1500米以上各项比赛，记圈裁判员要记录所有运动员完成的圈数。特别是5000米及以上各项目和竞走项目比赛时，要指定若干记圈裁判员，在相关裁判长的指挥下工作。记圈裁判员要在记圈表上记录其负责的运动员每圈时间（由1名正式计时员提供）。当采用这种记圈方法时，每位记圈裁判员负责记录的运动员不得超过4人（竞走项目不得超过6人）。也可以使用计算机记圈系统替代人工记圈，让每位运动员携带或佩戴一个传感器。

24.2 要指派1名记圈裁判员负责在终点线处显示剩余圈数。当领先运动员每次进入终点直道时，要变换显示的圈数。此外，在适当时候，要以人工提示的方式通知已被套圈或将被套圈的运动员。

最后一圈时，要以一定的信号通知每位运动员，通常以铃声作为信号。

《记圈指南》可以从世界田联网站下载。

25. 竞赛秘书和技术信息中心（TIC）

25.1 竞赛秘书要收集各项目比赛的全部成绩以及由裁判长、计时主裁判、终点摄影主裁判或感应计时主裁判与风速测量员等提供的详细资料。他要立刻将这些资料发送给宣告员，还应记录这些比赛成绩，并将成绩记录单上报竞赛主任。

当使用计算机成绩管理系统时，田赛各项目比赛场地的计算机记录人员要确保将全部成绩录入计算机系统。录入径赛成绩要在终点摄影主裁判的指挥下进行。宣告员和竞赛主任要通过计算机系统查询比赛成绩。

25.2 运动员参加不同规格（如器材重量或栏架高度）的比赛时，这些不同之处应在成绩记录单上明确标示或每一种类别的成绩应分别标注。

25.3 当举行世界排名比赛定义1.（a）和（b）之外的比赛时，适用的规程若允许，下列运动员可以同时参赛：

25.3.1 在他人协助下进行比赛，如1名引

导员；或

25.3.2 使用技术规则6.3.4条未授权的机械性辅助设备；

他们的成绩要分别列出，且情况允许时，要标注运动员的残奥分级。

25.4 下列的标准缩写及符号，应在相应的参赛名单和成绩记录单上使用：

未参加比赛	DNS
未完成比赛（跑、竞走或全能项目）	DNF
没有记录有效试跳（掷）	NM
取消参赛资格（并注明适用的规则条款）	DQ
跳高及撑竿跳高成功的试跳	"O"
失败的试跳（掷）	"X"
免跳（掷）	"–"
退出比赛（在田赛比赛中）	r
径赛项目中以名次晋级	Q
径赛项目中以成绩晋级	q
田赛项目达到及格标准晋级	Q
田赛项目以成绩晋级	q
由裁判长裁决晋级到下一轮	qR
由申诉委员会裁定晋级到下一轮	qJ
由抽签晋级到下一轮	qD

屈膝（竞走项目）	">"
腾空（竞走项目）	"~"
黄牌（注明适用的规则条款）	YC
第二张黄牌（注明适用的规则条款）	YRC
红牌（注明适用的规则条款）	RC
分道跑犯规（技术规则17.3.3条和17.3.4条）	
	L
抗议下比赛	P

如果运动员在比赛中因违反规则而被警告或取消参赛资格，要在正式成绩单上引用违反规则的条款。

如果运动员因违反体育道德或有不当行为被取消参赛资格，要在正式成绩单上给出取消参赛资格的原因。

从2015年开始，竞赛规则25.2至25.4条旨在使参赛名单及成绩单上一般情况下的程序和使用术语标准化。竞赛规则25.2条和25.3条认可许多非顶级赛事中并不罕见的情况（甚至在一些高水平比赛中），如不同年龄或不同残奥分级的运动员参加同一比赛。本规则确认这是可以接受的——包括为执行竞赛规则31.1条，作为达到最少参赛人数要求的一种手段，以及规定成绩该如何呈现。

由于取消参赛资格可以出于技术或者纪律原因，因此在成绩单上注明取消资格的原因尤为重要。这是通过始终在符号旁边说明运动员被警告或者被取消资格的规则条款实现的。

符号"r"是在一名运动员因受伤（或任何其他原因，因为运动员们没有必要提供原因）而决定不继续参加田赛项目的情况下使用。最常见的是在跳高或撑竿跳高中，此情况尤其重要，因为牵涉到该项目比赛后续的进行，包括根据技术规则25.17条——试跳的可用时限，因为运动员退赛可能使比赛中剩余的运动员数量减少至1人、2人或3人，这时就需要更长的试跳时限。

在其他田赛项目中，另一种方法是将所有剩余的试跳（掷）显示为免跳，但使用符号"r"则清楚地表明运动员不再打算参加该项目，而显示免跳则仍然保留运动员以后改变他们的想法的可能性。

另见竞赛规则6条绿色文字部分。

以下情况，则运动员被认为是未参加比赛（DNS）：

a. 在他们的名字被列入任何项目的参赛名单后，未能在检录处报到；或

b. 运动员经过检录处，而在田赛项目比赛中未进行任何试跳（掷）或在跑和竞走项目比赛中未起跑；或

c. 出现技术规则39.10条的情况。

25.5　　举行世界排名比赛定义1.（a）（b）（c）和2.（a）（b）（c）所述比赛，应设立技术信息中心（TIC），建议在其他超过1天的比赛中也设立技术信息中心。技术信息中心可

以采用线上或线下运行，或者两者结合起来运行。技术信息中心的主要功能是确保在每个代表队、组织者、技术代表和竞赛管理部门之间，有关技术和其他涉及比赛的信息可以顺畅交流。

有效管理的技术信息中心对于举办一场高质量比赛至关重要。技术信息中心主管应熟练掌握规则以及同等重要的特定比赛的特定规程。

TIC的运行时间应在比赛时间的基础上，加上赛前和赛后的一段时间，这段时间中各方需要沟通，特别是运动队和组织者之间进行沟通。通常情况下，尽管不是绝对的，大型赛事在运动员主要住地会设TIC的"分支机构"（有时称为体育信息台，SID）。如果是这种情况，SID（s）和TIC之间必须沟通顺畅。

由于TIC和SID（s）的运行时间可能较长，有必要为技术信息中心主管配备若干技术信息中心助理，并安排他们轮班工作。如果采用线上 TIC 全部或部分运行，则可以更容易地延长运行时间，但当采用线上运行时，明确监控线上运行时间是很重要的。

虽然竞赛规则中规定了TIC的部分职责（见竞赛规则25条、技术规则8.3条和8.7条），其他职责应在每个赛事规程和赛事文件中明确，如参赛队手册等。

26. 场地管理裁判员

场地管理裁判员要对比赛区域有控制权，除有关当值裁判和被召集参赛的运动员，或其他有相应注册权限授权的人员外，不允许其余任何人员进入或停留在比赛场内。

场地管理裁判员的角色是在比赛即将开始或比赛进行时规范比赛场地的人员进入。他主要根据竞赛主任的计划工作，更多的是直接从赛事总管处接收指令行事。他相应地开展以下工作：

a. 管理控制运动员、裁判以及现场志愿者、服务人员、注册的摄影及电视媒体进入场地。每场比赛的这些场内注册证件数量应事先批准，且所有上述人员应佩戴特殊号码（服装）；

b. 管理控制运动员在完成比赛后离开比赛场地的通道（通常大型赛事是进入混合采访区和/或赛后控制区域）；

c. 始终确保现场观众及电视观众观看比赛场地的视线中尽可能干净。

他们直接向赛事总管负责，赛事总管如有需要可随时联系到场地管理裁判员。

为了便于场地管理裁判员及其团队工作，通常允许进入比赛场地的人员，除运动员之外，都应清晰佩戴特殊号码、注册证件或者身穿明显的制服。

27. 风速测量员

风速测量员要测定相关项目跑进方向上的风速，要记录测量结果，在风速记录表上签名并提交给竞赛秘书。

然而在实际情况中，可能是风速测量员、技术主管或终点摄影裁判员将风速仪放置于正确位置，并由相关裁判长最终负责确认此项工作按照规则完成（见技术规则17.10条和29.11条）。

需要注意的是，特别是径赛项目，风速仪可以远程操控。在此类情况下，风速仪与终点摄影及成绩系统相连，所以不需要风速测量员，其职责由其他人员来履行，如终点摄影团队成员。

28. 测量裁判员（电子类）

当使用电子、视频测距设备或其他电子测量仪器时，要指派1名测量主裁判（电子类）和1名或多名助理裁判员。

比赛开始以前，他将与有关技术人员见面，熟悉器材设备。

各项目比赛开始前，需根据制造商和仪器校准实验室的技术要求，监督或指导测量仪的位置摆放。

为确保测量设备精确运行，项目比赛前，在裁判长的监督下，测量员要和裁判员一起，检测一组电子测量成绩与经过校准和验证的钢尺测量所得结果的一致性。出具一张一致性检测表，由所有参与测试人员签名，并将它附在该项成绩单后面。

比赛进行中，他要继续全面负责仪器的操作，并向裁判长报告，证明该仪器的准确性。

注：应在比赛结束后，以及如果情况合理也可在比赛期间，进行一组检查测量，通常不参考钢尺。

当使用电子或视频测距仪时，应像终点摄影或感应计时一样，指派一名主裁判负责。相对于电子测距仪测量，使用视频测距仪时，测量主裁判在比赛中要更为主动并直接上手操作。

特别需要确保场内裁判员和视频判读裁判员之间的顺畅沟通，以保证每次测量准确，以及在远度跳跃项目中图像确认后才能扫平落地点。

不管是测量主裁判还是其他负责裁判员负责视频判读的正确性，他都应尤其认真地确保他测量的是当前试跳而不是之前试跳的成绩。

29.　检录裁判员

29.1　检录主裁判的职责如下：

29.1.1　会同竞赛主任，准备并公布检录时间表，该时间表至少应包括各项目比赛运动员进入各检录处的第一次和最后一次检录通知时间，以及运动员离开（最终）检录处进入比赛场地的时间。

29.1.2　监督运动员从热身场地到比赛场地之间的转场，确保在检录处完成检录后，运动员根据项目预定的开赛时间到达比赛场地并做好准备。

检录裁判员要确保运动员穿着其国家主管部门正式批准的国家或俱乐部比赛服。正确佩戴号码布，号码与参赛名单一致，运动员的鞋、鞋钉的数量和规格、服装和运动员包上的广告应符合本规则和适用的规程规定。未经批准的物品不得带入比赛场地。

检录裁判员要将发生在检录过程中未能解决的问题或事宜提交检录裁判长。

周密计划和有效管理的检录处是比赛成功举办的基础。计划要确保及明确检录处在人员最多的情况下有足够空间、需要多少检录室（以及每个多少分区）、与其他官员沟通的可靠的联络系统、通知运动员何时从热身场地来报到，这些都很重要。其他方面的考虑应根据比赛类型及检录处的检查内容而有所不同。例如，在学校比赛中不大可能检查服装上的广告，但是可能检查鞋钉长度以保护跑道。在计划阶段确定检查内容很重要，而且最好提前与运动员和代表队沟通，以避免赛前紧张和混乱。检录处裁判员须确保运动员处于正确的组别、比赛或分组，以及根据检录时间表按照时间抵达比赛场地。如果可能，检录时间表应在每天开始比赛前告知运动员和代表队。

30. 广告管理专员

广告管理专员（如指派）应监督并执行现行营销和广告的规则和规程，并要与检录裁判长共同确定发生在检录处的任何没有解决或有关广告的未尽事宜。

第三部分　世界纪录

31.　世界纪录

提交申请与批准

31.1　纪录要在真诚努力的比赛中创造，该项目比赛日之前，经举办国或地区的会员协会正式安排、宣传和授权，并完全按规则进行管理和比赛。个人项目至少有3人参赛，接力项目至少有2队参赛，他们必须是真诚努力地完成比赛。除按技术规则9条举办的田赛项目和按技术规则54条、55条举办的运动场外的比赛外，运动员在男女混合比赛中所创成绩不予承认。

注：只有女性参加的公路比赛纪录应符合竞赛规则32条所列条件。

31.2　世界田联承认的世界纪录有下列几种：

31.2.1　　世界纪录；

31.2.2　　世界青年U20纪录。

注（ⅰ）：就本规则而言，除非上下文中另有规定，本规则中的世界纪录涉及所有的纪录种类。

注（ⅱ）：竞赛规则31.2.1条和31.2.2条规定的世界纪录，要承认在符合竞赛规则31.12

条或31.13条的任何场地设施条件下达到的最好批准成绩。

31.3　创造世界纪录的运动员（或接力比赛项目中的运动员）必须：

31.3.1　符合世界田联规则规定的参赛资格；

31.3.2　隶属于某一个世界田联会员协会；

31.3.3　申报竞赛规则31.2.2条纪录者，除非该运动员的出生日期事先已得到首席执行官的确认，否则第一次为该运动员申报纪录时，必须提交其护照、出生证或证明其出生日期的类似正式文件的副本。如果没有随附有效申请表，必须由运动员或运动员的国家协会提交给首席执行官，不得延误；

31.3.4　在接力比赛中，按照会员代表资格规则的规定，运动员必须都有资格代表单一会员协会；

31.3.5　运动员打破或追平世界纪录，在该项目比赛结束后立即接受兴奋剂检查。除《反兴奋剂规则》中的延误要被接受外，不得接受任何延误。批准世界纪录的兴奋剂检查要按照《反兴奋剂规则》进行，样品收集后要尽快送至世界反兴奋剂机构（WADA）认可的实验室进行分析。为批准400米以上耐力项目世界纪录而采集的兴奋剂对照样本应进行红细胞生成激素刺激剂（ESA）的分析。兴奋剂检查文件（兴奋剂检查表格和对应的实验室结果）要尽快送往世界田联，理想的情况下应与填写的世界纪录申请表（见竞赛规则31.6条）同步提交。兴奋剂检查文件将由田径诚信机构审核，下列情况中的成绩将不被认可：

a. 如果没有进行兴奋剂检查，或者

b. 如果未按照《竞赛规则》或《反兴奋剂规则》进行兴奋剂检查，或者

c. 如果兴奋剂检查样本不适合进行分析或未进行ESA分析（仅适用于400米以上耐力项目），或者

d. 如果兴奋剂检查结果违反了反兴奋剂规则。

注（i）：如果创造了接力赛跑纪录，则全队成员均须接受检查。

注（ii）：如果一名运动员承认在创造某项世界纪录前的某时，曾使

用了当时禁用的物质或方法，并从中获得利益，则根据田径诚信机构的建议，世界田联将不再承认此项成绩为世界纪录。

31.4 当一项成绩平或超过现有世界纪录时，创纪录所在国/地区协会要立即收集一切必要的材料上报世界田联审批，不得延误。未经世界田联批准，任何成绩都不能被承认为世界纪录。该会员协会应立即向世界田联报告其申报成绩的意图。

31.5 申报纪录的成绩要超过或平世界田联认可的该项目的现有世界纪录。如果是平该项目的纪录，则应具备与原纪录相同的情形。

31.6 要填写世界田联的正式申请表，并在30天内寄往世界田联总部办公室。如果申请纪录涉及外国运动员（或运动队），则要将表格副本在同一期限内寄交创纪录者所属协会。

注：申请表格可向世界田联总部索取或从世界田联网站下载。

31.7 创纪录所在地的世界田联会员协会要随正式申请表附上：

31.7.1 印制好的大会秩序册（或电子版）；

31.7.2 该项目的全部比赛成绩，包括本规则要求的所有信息；

31.7.3 关于使用全自动计时的径赛项目世

界纪录，则需要终点摄影图片和"零测试"图像；

31.7.4　本规则要求的任何其他信息，这些信息应该包括在内。

31.8　在径赛晋级赛或田赛及格赛赛次中、在跳高和撑竿跳高的决名次赛中、在随后根据竞赛规则18.7条或技术规则8.4.2条、17.1条或25.20条规定而被宣布无效的比赛或部分比赛中、在适用了技术规则54.7.3条的竞走项目中，且运动员未被取消比赛资格，或在无论运动员是否完成了整个全能项目的单项比赛中，所取得的成绩均可被提交申请。

31.9　世界田联主席和首席执行官联名有权批准世界纪录。如果他们对是否承认纪录产生任何疑问，则要提交世界田联理事会依据管理规则作出裁决。

31.10　一项世界纪录获批后，首席执行官将：

31.10.1　通知申请该纪录的会员协会、该运动员所属的会员协会和有关地区联合会；

31.10.2　为世界纪录创造者颁发正式的世界纪录纪念牌。

31.10.3　更新正式的世界纪录表。该表要反映自世界田联成立以来，运动员（或运动队）在竞赛规则32条承认的比赛中，创造了被世界田联承认的最好批准成绩。

31.11 如果世界纪录未被批准，首席执行官将给出原因。

特定条件

31.12 400米标准椭圆形跑道世界纪录：

31.12.1 创造世界纪录要在世界田联认证的田径场，或在符合技术规则2条规定的比赛场，如条件适用，包括技术规则11.2条或11.3条的场地。

31.12.2 承认200米或200米以上任何项目的纪录时，创纪录所用跑道的周长不得超过402.3米（440码），而且要在椭圆跑道上的某一部分起跑。水池位于标准400米跑道外的障碍赛跑项目不受此限制。

31.12.3 创纪录所用跑道的外侧分道的半径不得超过50米，但下列情况除外：用两个不同半径画出弯道，用较大半径画出的弧长，在180°的弯道中不超过60°。

31.12.4 只有在符合技术规则14条规定的400米标准椭圆形跑道上创造的纪录方予承认。

31.13 200米标准椭圆形跑道（短道）上创造的世

界纪录：

31.13.1 纪录要在世界田联认证的田径场，或符合技术规则41至43条规定的比赛场创造。

31.13.2 承认200米或200米以上项目的纪录时，创纪录所用椭圆跑道的周长不得超过201.2米（220码）。

31.13.3 只要实际跑进距离在容差范围内，在少于200米的椭圆跑道上创造的纪录也可被承认。

31.13.4 在椭圆跑道上创造的成绩，要求坡面处跑道的投影半径不得超过27米，多圈比赛的两个直道不得短于30米。

31.14 跑和竞走项目的世界纪录必须符合以下条件：

31.14.1 纪录要根据规则由正式计时员、一台经批准的全自动计时和终点摄影系统（已根据技术规则19.19条进行"零测试"）或感应计时系统（见技术规则19.24条）计时方予承认。

31.14.2 800米及800米以下的径赛项目（包括4×200米接力和4×400米接力），只有依据规则采用全自动计时和终点摄影系统所记录的成绩，方予承认。

31.14.3 批准室外200米及200米以下各项目的纪录，不包括在200米标准椭圆形跑道的200米比赛，要申报按技术规则17.8至17.13条的规定测量的有关风速数据。如果跑进方向测量的顺风平均风速超过2米/秒，所创纪录不予承认。

31.14.4 如果运动员违反了技术规则17.3条的规定，成绩将不予认可，除了

a. 技术规则17.3.1条和17.3.2条包含的情况，或

b. 但不包括根据技术规则17.3.3条和17.3.4条规定在该项目中第一次犯规，

也不包括允许运动员依据技术规则39.8.3条规定记录了一次起跑犯规的全能单项。

31.14.5 竞赛规则32条规定的承认世界纪录的项目中，400米及400米以下项目（包括4×200米接力和4×400米接力）的世界纪录，必须按照技术规则15.3条正确、有效地使用连接起跑器的世界田联认证的起跑信息系统，该系统能获得正确的起跑反应时，并能显示在比赛的成绩单上。

注：本规则31.14.5条不适用于U20世界纪录。

技术规则17.3条的修改意味着，如果运动员（或接力队中的任何运动员）依据技术规则17.3.3条或17.3.4条只有一次犯规，或者在有多赛次比赛的项目中第一次犯规，那么该运动员（或接力队）在那场比赛中所达到的纪录成绩将被批准为世界纪录。如果运动员（或接力队中的任何运动员）依据技术规则17.4.3条或17.4.4条的犯规多于一次或者在相同项目不同赛次中多次犯规，那么该运动员（或接力队）在那场比赛中所达到的纪录成绩将不被批准。

31.15　同一比赛中创造多个距离的世界纪录：

31.15.1　该赛事仅为单一距离赛事。

31.15.2　可以把规定时间的计程比赛和规定距离的计时比赛结合（例如，1小时计程赛和10000米计时赛，见技术规则18.3条）。

31.15.3　允许1名运动员在同一比赛中创造多项纪录。

31.15.4　允许几名运动员在同一比赛中创造不同的纪录。

31.15.5　运动员未完成全程比赛距离，不得取其中一段较短距离的成绩作为纪录。

31.16　接力项目世界纪录：

在接力赛跑中，第一棒运动员的成绩不能申报世界纪录。

31.17   田赛项目世界纪录：

31.17.1   田赛各项纪录要由3名裁判员使用经过校检的钢卷尺或钢直尺进行测量，也可使用经批准的科学测量仪器进行测量，该仪器的精度应符合技术规则10条的规定。

31.17.2   申报室外跳远和三级跳远的纪录，要提交根据技术规则29.10至29.12条的规定测量的该项目的风速数据。如果在跳跃方向上测定的顺风平均风速超过2米/秒，则所创纪录不予承认。

31.17.3   在田赛项目的一次比赛中，可承认多个成绩为世界纪录。被承认的每个纪录都要平或超过当时已有的世界最好成绩。

31.17.4   投掷项目中使用的器械要在赛前根据竞赛规则16条进行检测。如果在比赛中裁判长意识到平纪录和超纪录的情况，他应立即标记并检测所用器械是否仍然符合规则规定，或其属性是否发生变化。通常，应在比赛结束后根据竞赛规则16条再次对该器械进行检测。

31.18 全能项目世界纪录：

每项单项申报世界纪录应遵守技术规则39.8条规定的条件。另外，对于那些需要测量风速的单项平均风速不超过+2米/秒（为每个单项测量风速，以各项目测量的风速总和除以项目数量）。

31.19 竞走项目世界纪录：

比赛至少要有3名世界田联金级或银级竞走裁判员执裁，并要在申请纪录表上签名。

31.20 公路竞走项目世界纪录：

31.20.1 比赛赛道路线必须经由1名世界田联或国际路跑协会批准的A级或B级丈量员丈量。他要确认相关测量报告和本规则要求的任何其他信息能满足世界田联的要求。

31.20.2 环形路线不要短于1公里，也不要长于2公里，尽可能将起点和终点设在体育场内。

31.20.3 任何原来负责丈量此赛道的丈量员，或其他经丈量员指派的有资质的官员（在咨询相关机构后），应持有经正式丈量过的赛道的详细资料的副本，证实比赛中运动员所走的路线就是正式赛道丈量员所丈量并经过认证的路线。

31.20.4 必须在比赛前、比赛当天或比赛之后立即进行路线现场证实（即再次丈量），且丈量不是由原来丈量路线的A级丈量员进行。

注：如果赛道在初次丈量时，由至少2名A级丈量员或1名A级和1名B级丈量员丈量，则不需要根据规则31.20.4条对赛道进行再次丈量。

31.20.5 在一个项目的分段距离中，创造公路竞走项目世界纪录必须符合竞赛规则31条的条件。分段距离必须作为路线丈量的一部分内容，被丈量、记录并随后做出标记，并且根据竞赛规则31.20.4条的规定进行了复核。

31.21 公路项目世界纪录：

31.21.1 赛道路线必须经由1名或多名世界田联或国际路跑协会批准的A级或B级丈量员丈量。他要确认相关测量报告和本规则要求的任何其他信息能满足世界田联的要求。

31.21.2 赛道起点、终点之间的直线距离不要超过比赛距离的50%。

31.21.3 起点、终点之间的总下降坡度不要超过1：1000，即每公里1米（0.1%）。

31.21.4　任何原来负责丈量此赛道的丈量员，或其他经丈量员指派的有资质的裁判员（在咨询相关机构后），应持有经正式丈量过的赛道的详细认证资料的副本，且要坐在赛事先导车中，或以其他方式证实比赛中运动员所跑的路线就是丈量员丈量并经过认证的路线。

31.21.5　必须在比赛前、比赛当天或比赛之后立即进行路线现场证实（即再次丈量），且丈量不是由原来丈量路线的A级丈量员进行。

注：如果赛道在初次丈量时，由至少2名A级丈量员或1名A级和1名B级丈量员丈量，则不需要根据规则31.21.5条对赛道进行再次丈量。

31.21.6　在一个项目的分段距离中，创造公路项目世界纪录必须符合竞赛规则31条的条件。分段距离路线必须作为路线丈量的一部分内容，被丈量、记录并随后做出标记，并且根据竞赛规则31.21.5条的规定进行了复核。

31.21.7　公路接力项目要按5公里、10公里、5公里、10公里、5公里、7.195公里的赛段跑进。此赛段必须作为路线丈量的一部分内容，被丈量、记录并随后做出标记，在丈量赛段中允许有 ± 1%的误差，并且必须按照竞赛规则31.21.5条的规定经过验证。

注：建议国家/地区和地区联合会采用类似上述规则承认本国或本地区的纪录。

32. 承认世界纪录和U20世界纪录的项目

	项　目	男子	女子	U20 男子	U20 女子	计时
跑	50米	✓	✓			FAT
	60米	✓	✓	✓	✓	FAT
	100米	✓	✓	✓	✓	FAT
	200米	✓	✓	✓	✓	FAT
	200米 短道	✓	✓	✓	✓	FAT
	400米	✓	✓	✓	✓	FAT
	400米 短道	✓	✓	✓	✓	FAT
	800米	✓	✓	✓	✓	FAT
	800米 短道	✓	✓	✓	✓	FAT
	1000米	✓	✓	✓	✓	FAT or HT
	1000米 短道	✓	✓	✓	✓	FAT or HT
	1500米	✓	✓	✓	✓	FAT or HT
	1500米 短道	✓	✓	✓	✓	FAT or HT
	1英里	✓	✓	✓	✓	FAT or HT
	1英里 短道	✓	✓	✓	✓	FAT or HT

（续表）

项　目		男子	女子	U20 男子	U20 女子	计时
跑	2000米	✓	✓			FAT or HT
	3000米	✓	✓	✓	✓	FAT or HT
	3000米 短道	✓	✓	✓	✓	FAT or HT
	5000米	✓	✓	✓	✓	FAT or HT
	5000米 短道	✓	✓	✓	✓	FAT or HT
	10000米	✓	✓	✓	✓	FAT or HT
	1小时	✓	✓			FAT or HT
	3000米障碍	✓	✓	✓	✓	FAT or HT
跨栏	50米栏	✓	✓			FAT
	60米栏	✓	✓	✓	✓	FAT
	100米栏		✓			FAT
	110米栏	✓		✓		FAT
	400米栏	✓	✓	✓	✓	FAT
田赛	跳高	✓	✓	✓	✓	n/a
	撑竿跳高	✓	✓	✓	✓	n/a
	跳远	✓	✓	✓	✓	n/a
	三级跳远	✓	✓	✓	✓	n/a
	铅球	✓	✓	✓	✓	n/a
	铁饼	✓	✓	✓	✓	n/a
	链球	✓	✓	✓	✓	n/a
	标枪	✓	✓	✓	✓	n/a
全能	五项全能 短道		✓			FAT
	七项全能		✓		✓	FAT
	七项全能 短道	✓		✓		FAT
	十项全能	✓	✓	✓	✓	FAT

（续表）

项 目		男子	女子	U20男子	U20女子	计时
竞走	3000米 短道		✓			FAT or HT
	5000米 短道	✓				FAT or HT
	10000米		✓	✓	✓	FAT or HT
	10公里			✓	✓	FAT or HT or TT
	20000米	✓	✓			FAT or HT
	20公里	✓	✓			FAT or HT or TT
	半程马拉松（跑道）	✓	✓			FAT or HT
	半程马拉松（公路）	✓	✓			FAT or HT or TT
	30000米	✓				FAT or HT
	35000米	✓	✓			FAT or HT
	35公里	✓	✓			FAT or HT or TT
	马拉松 （跑道）	✓	✓			FAT or HT
	马拉松 （公路）	✓	✓			FAT or HT or TT
	50000米	✓	✓			FAT or HT
	50公里	✓	✓			FAT or HT
路跑	1英里路跑	✓	✓			FAT or HT or TT
	5公里	✓	✓			FAT or HT or TT
	10公里	✓	✓			FAT or HT or TT
	半程马拉松	✓	✓			FAT or HT or TT
	马拉松	✓	✓			FAT or HT or TT
	50公里	✓	✓			FAT or HT or TT
	100公里	✓	✓			FAT or HT or TT
	公路接力赛（42.195公里）	✓	✓			FAT or HT or TT

（续表）

项　目		男子	女子	U20 男子	U20 女子	计时
接力	4×100米	✓	✓	✓	✓	FAT
	4×200米	✓	✓			FAT
	4×200米 短道	✓	✓			FAT
	4×400米	✓	✓	✓	✓	FAT
	4×400米 短道	✓	✓			FAT
	4×400米混合接力*	✓	✓			FAT
	4×800米	✓	✓			FAT or HT
	4×800米 短道	✓	✓			FAT or HT
	4×1500米	✓	✓			FAT or HT
	长距离异程接力	✓	✓			FAT or HT

*混合项目

sh = 短道（200米标准椭圆形跑道——第 V 部分技术规则）

全自动电子计时成绩（FAT）

手计时成绩（HT）

传感器计时成绩（TT）

注（ｉ）：除了竞走和1英里路跑比赛，世界田联将承认两种女子路跑世界纪录：一种是男女混合性别（混合）比赛世界纪录，另一种是单一性别（女子）比赛世界纪录。

竞走项目，只承认一种世界纪录，既可以是在混合

性别比赛中取得的，也可以是在仅有女子比赛中取得的成绩。1英里路跑项目，只承认单一性别比赛中取得的成绩为世界纪录。

注（ii）：女子路跑可允许有男子参赛，但不和女子同时起跑。起跑时间的间隔应不能出现协助、领跑或干扰的情况，尤其不能使套圈距离超过一圈。

注（iii）：1英里路跑项目，全自动电子计时成绩应精确到0.01秒，手计时成绩应精确到0.1秒。

女子U20十项全能项目：只承认7300分以上的成绩。

半程马拉松竞走：初始纪录将于2026年1月1日以后被承认。为了承认首个世界纪录，需要打破的最低成绩将于2025年公布。

男子30000米项目要在35000米的初始纪录获得批准后从名单中删除。

35000米竞走：初始纪录在2023年1月1日以后被承认。男子成绩要优于2:22:00，女子成绩要优于2:38:00。

男子35公里竞走：初始纪录在2023年1月1日以后被承认。成绩要优于2:22:00。

马拉松竞走：初始纪录将于2026年1月1日以后被承认。为了承认首个世界纪录，需要打破的最低成绩将于2025年公布。

女子50000米竞走：初始纪录在2019年1月1日以后被承认。成绩要优于4:20:00。

33. 其他纪录

33.1 综合性运动会田径比赛纪录、锦标赛纪录、赛会纪录和其他类似的纪录可以由相关管理比赛的机构或组织者确定。

33.2 如果比赛的适用规程中有说明，纪录应标明达到最好成绩的比赛所依据规则的版本，除了可以忽略风速读数外。

田径技术规则

第一部分　通则

1.　通则

世界排名比赛必须按照竞赛规则和技术规则及任何适用的规定进行组织，并要列入世界田联全球日历。

在所有比赛中，可采用不同于竞赛和技术规则规定的形式，但是不能采用使运动员获得比现有规则更多权益的规则。这些比赛形式将由对比赛有管控权的相关管理机构决定或授权。

如果是在场外举行的大众参与的项目中，这些规则通常只完全适用于部分运动员，即精英组或设有名次奖品、奖金的分龄组比赛的运动员。比赛组织者应将赛事概况、适用于不同组别的规则条款，尤其是有关安全的规定向全体运动员公示。

注：会员协会举行非世界排名比赛应采用本规则和规程。

虽然在严格执行规则的过程中已经考虑到它们的一些变化，需要强调的是，赛事组织者可以在比赛形式上做出更多变化，唯一的限制便是在这种情况下运动员不会获得更多的"权益"。例如，在田赛中减少试跳（掷）次数，或者减少运动员每次试跳（掷）的时限，而不是增加，这些都是可以接受的。

对于大众参与的跑和竞走赛事，建议赛事组织者在提供给所有参赛人员的信息中强调适用于不同类别比赛情况的规则和程序，特别是有关安全的，尤其是赛事全部或者部分在未封闭路面举行时。例如，可以允许运动员（非精英组或其他类别的运动员适用技术规则6.3条的情况）在交通封闭赛道跑步时使用耳机，但是对于交通不封闭的赛道要禁止（或至少不建议）较慢的跑者使用耳机。

2.　田径场地

任何坚固、表面平整一致、符合《世界田联田径场地设施手册》中有关规定的面层均可用于田径运动。

凡举办世界排名比赛定义1.（a）和（b）所述的400米标准椭圆形跑道体育场比赛，只允许在获得世界田联一级场地设施证书的场地上举行。如具备这种场地条件，建议举办国际比赛定义1.（c）（d）（e）和2条所述的400米标准椭圆形跑道体育场比赛也在这种场地上举行。

在任何情况下，举办世界排名比赛定义1.（c）和2.（a）（b）（c）所述的400米标准椭圆形跑道体育场比赛所使用的田径场地设施，均需获得世界田联二级场地设施证书。建议世界排名比赛定义1.（d）（e）、2.（d）（e）和3条所述的所有比赛，其竞赛场地设施亦应获得资质证书，或至少场地设施应满足随时修改的规则和规程的要求。如果所适用的规程，或世界排名赛事的类别有要求，则场地设施必须认证。

注（i）：《世界田联田径场地设施手册》可从世界田联总部办公室获得或从世界田联官方网站下载，该手册详细制定了田径场地的设计与施工的技术要求，包括跑道测量和标记的标绘图。

注（ii）：认证申请和测量报告所使用的现行标准表格及认证系统程序，可向世界田联总部办公室索取或从世界田联官方网站下载。

注（iii）：公路竞走、路跑、越野跑、山地跑和野外跑项目，参见技术规则54.11条、55.2条、55.3条、56.1—56.5条和57.1条。

注（iv）：200米标准椭圆形跑道（短道）田径场地设施见技术规则41条。

3. 年龄与性别分组

年龄分组

3.1　　适用本规则的比赛可按以下年龄组、按相关竞赛规程规定分组或按相关的管理机构规定分组。

　　　　18岁以下少年男子和少年女子（U18）组：凡在比赛当年12月31日前满16或17周岁者。

　　　　20岁以下青年男子和青年女子（U20）组：凡在比赛当年12月31日前满18或19周岁者。

　　　　老将男子和女子组：凡年满35周岁者。

注（ⅰ）：所有有关老将比赛的其他事宜请查阅世界田联/世界老将协会批准的《世界田联/世界老将协会手册》。

注（ⅱ）：参赛资格，包括参加世界田联比赛的最小年龄需符合有关技术规程。

3.2 如果运动员属于相应的年龄分组，他就有资格参加本规则规定的该年龄组的比赛。运动员必须提供能证明其年龄的材料，如比赛适用的规程规定的有效护照或其他形式的证据。如果运动员不能或拒绝提供这些证明材料，他将没有资格参加比赛。

注：关于不遵守本规则3条的处罚，见有关参赛资格的部分条款。

尽管技术规则3.1条规定了特定的年龄组别，每个比赛的规程又规定了什么年龄组别适用。正如注（ⅱ）的说明，应当注明是否允许更年轻的运动员参赛。

性别分组

3.3 使用本规则的比赛分为男子组、女子组和混同组。当举行男女混合的外场比赛或根据技术规则9条规定设定的限制性比赛，男、女比赛的成绩要分别公布或标注。当举行混同组的比赛时，只公布单一分组的成绩。

3.4 如果运动员出生时为男性，且在生活中一直被认定为男性，或遵守技术规则3.6.1条发布的适用的规程，并根据规则和规程有资格竞赛，则该运动员应有资格参加男子组（或混同组）的比赛。

3.5 如果运动员出生时为女性，且在生活中一直被认定为女性，或遵守技术规则3.6.2条发布的适用的规程，并根据规则和规程有资格竞赛，则该运动员应有资格参加女子组（或混同组）的比赛。

3.6 世界田联理事会将批准规程，以确定参赛资格：

3.6.1 从女性变为男性的运动员参加男子组比赛；

3.6.2 从男性变为女性的运动员参加女子组比赛；

3.6.3 女性分类（性别发展异常的运动员）参加女子组比赛；

如果运动员未能满足或拒绝遵守适用的规程的要求将失去参赛资格。

注：不遵守本规则3.6条的处罚，见跨性别运动员资格规程或女性分类资格规程。

混同组比赛包括男女共同参赛且未单独分类成绩的项目，也包括男女共同组队的接力赛或集体项目。

4. 报名

4.1 取得参赛资格的运动员方能报名参加规则规

定的比赛。

4.2　运动员出国参赛的资格由资格规则5条决定（出国参赛的要求）。除非技术代表收到对其参赛身份提出的异议，否则应假定其具有此种资格（另见技术规则8.1条）。

兼项

4.3　如果1名运动员报名的一项径赛和一项田赛，或多个田赛同时进行，相关裁判长可以允许该运动员在田赛的每一轮次，或在跳高和撑竿跳高项目的每次试跳（掷）中，以不同于检录单的顺序（或由技术规则25.6.1条决定的顺序）试跳（掷）。如果该运动员随后未能在这一特定的改变顺序的试跳（掷）时到达，一旦该次试跳（掷）的时限结束，将视其该次试跳（掷）为免跳（掷）。因为这种可能性仅存在于裁判长允许的特定轮次或试跳（掷）中，当检录单顺序（或由技术规则25.6.1条所决定的顺序）再次到来，如果运动员在后续轮次/试跳（掷）仍未到，且属于他（她）的时限结束，则该次试跳（掷）将认定为失败。

注：田赛项目比赛中，相关裁判长不得允许运动员在比赛的最后一轮中变更试跳（掷）的顺序，但在此之前的任何轮次，允许运动员变更比赛顺序。全能比赛中，任何轮次都允许变更顺序。

注释阐明了不允许运动员因为与其他项目冲突而变更最后一轮比赛的顺序（不管总共多少轮次）。如果运动员在最后一轮比赛中未能出现且未事先告知将免跳（掷），从其试跳（掷）的时间开始计时，若在时限内未能返回，则被记录为一次失败［见技术规则25.18条，在任何轮次的试跳（掷）中，当给予补试跳（掷）时，通常不得改变顺序］。

放弃比赛

4.4　　在举办世界排名比赛定义1.（a）（b）（c）和2.（a）（b）所述的比赛中，如发生下列情况，有关运动员将被取消参加本次比赛所有后续项目（包括其参赛的其他兼项项目）的参赛资格，包括接力比赛的参赛资格：

4.4.1　　经过最后确认，运动员将参加某项目比赛，但后来没有参加此项目比赛；

注：须提前公布参赛项目的最后确认时间。

4.4.2　　运动员在某项目的任何径赛晋级赛或者田赛及格赛中获得后续比赛的参赛资格，但后来没有继续参加比赛；

注：如果适用的规程要求进行复活赛，则未能参加该轮比赛并不违反本条款。

4.4.3　　　运动员未能真诚努力地完成比赛。相关裁判长会就此作出裁决，并必须在正式成绩单上做出相应的注释。

注：技术规则4.4.3条的情况不适用于全能项目的各单项比赛。

但是，由根据竞赛规则6条指派的医务代表对运动员进行医学检查后，或者如果没有指定的医务代表则由组织者指定的医生代替，他们所签发的医疗证明可作为接受该运动员在最后确认结束后或者在上一赛次后不能参加比赛的充分理由，但其可以参加以后几天的比赛（全能项目的单项比赛除外）。其他合理的理由（例如，不是运动员自身的原因，而是官方交通系统的问题）经确认后，也可被技术代表接受。

相关裁判长在得知此类情况后，若运动员放弃比赛之前没有真诚努力地完成比赛，裁判长必须在相应成绩单上注明"DNF TR4.4.3"。不管是在技术代表作出此类决定的过程中，还是申诉委员会在事后审议与此有关的申诉时，都应考虑由运动员本人或其代表作出的退赛或者放弃比赛决定的理由。本规则规定，若为医疗原因，应完全按照规则的程序执行。

检录未到

4.5　　　根据技术规则4.4条，可能会导致追加处罚，除以下情况外，如果在公布的检录时间表

（见竞赛规则29条）规定的检录时间内，某运动员没到检录处，将被取消该项目的参赛资格。成绩单中记录为"DNS"。

相关裁判长将对此作出裁决（包括没有立即作出裁决时，运动员是否可以"在抗议下"参加比赛），并必须在正式成绩单上做出相应的注释。

正当理由（例如，不受运动员自身行为支配的因素，如官方的交通系统问题或公布的检录时间表错误等）经确认后，可能被裁判长接受，运动员可被允许参赛。

5.　　**服装、鞋与运动员号码**

服装

5.1　　各项目参赛运动员必须穿着干净的服装，其设计式样和穿着方式应无碍观瞻。服装的材料如果浸湿时不得透明。运动员不得穿有碍裁判员观察的服装。

运动员在参加世界排名比赛定义1.（a）（b）（c）和2.（a）（b）（c）所述的比赛，以及代表他们的会员协会参加世界排名比赛定义1.（e）和2.（e）所述的比赛，应穿着其会员协会正式批准的统一服装。颁奖仪式和运动员获胜后的绕场庆贺均被视为比赛的一部分，也应执行本规则的规定。

注：技术规则5.1条应按照"阻碍裁判员的

观察"进行更为广泛的解释，包括运动员以
特殊方式佩戴假发等。

鞋

5.2 运动员可以赤脚、单脚或双脚穿鞋参加比
赛。如果穿比赛用鞋，则该比赛用鞋必须符
合经世界田联理事会批准的所有规定。

5.3 ［*此处留空待续。*］

5.4 ［*此处留空待续。*］

5.5 ［*此处留空待续。*］

5.6 ［*此处留空待续。*］

另请参见网站上单独发布的"规则手册C：竞赛"中
的运动鞋规程。

运动员号码

5.7 在比赛中要为每名运动员提供2块号码布，
将其分别佩戴在胸前和背后的显著位置，跳
跃项目比赛除外，跳跃项目运动员可在胸前
或背后只佩戴1块号码布。允许使用运动员
的姓名或者其他适宜的身份标识取代数字号
码印在1块或所有号码布上。如果使用数字
号码，运动员的号码必须与检录单或秩序册
中的号码一致。如在比赛时穿运动服，则必
须按相同的方式佩戴号码布。

5.8 不按规定佩戴号码布和（或）身份标识者不
得参加比赛。

5.9 号码布须依其原样佩戴，不得以任何形式剪

裁、折叠或遮挡。在10000米及更长距离的跑和竞走项目中，可在号码布上打孔以利于空气流动，但不得在号码布的文字或数字上穿孔。

5.10 凡采用终点摄影计时系统，组织者可要求运动员在短裤或者大腿的侧面佩戴有黏性的附加编号标识。

5.11 如果运动员不遵守技术规则5条中任何条款，并：

5.11.1 拒绝服从相关裁判长的指示；或

5.11.2 参加了比赛，

他们将被取消比赛资格。

技术规则5.11条描述了没有遵守技术规则5条任何条款的处罚。尽管如此，希望相关裁判员还是要尽可能要求和鼓励运动员遵守规则，并告知不遵守规则的后果。但是，如果运动员在比赛中不遵守规则的规定，而裁判员又无法要求其遵守，运动员应注意，随后可能被取消比赛资格。

助理发令员和检查裁判员（径赛和外场项目）以及裁判员（田赛项目）要对此类事情保持警惕，并向相关裁判长报告任何明显的违规情况。

6. 为运动员提供帮助

医学检查与协助

6.1 可在比赛区域内对运动员进行必要的医学检

查、治疗和（或）物理治疗，以使运动员能够参加和继续参加比赛。此类医学检查、治疗和（或）物理治疗由组织者指定的佩戴袖标、穿背心或身着其他明显标识服装的医务人员在比赛区域内进行，也可由注册随队医疗人员经医务代表或技术代表特批，在比赛区域外指定的治疗区域内进行。但这两种情况都不得使比赛的正常进程或该运动员既定的试跳（掷）顺序延误。不论是在比赛前，还是在运动员离开检录处时或者是在比赛中，任何其他人的帮助和协助均被认为是为运动员提供帮助。

注：比赛场地通常设有硬隔离，定义为进行比赛的场地，并且只有参赛运动员或相关规则和规程授权的工作人员能够进入。

6.2 任何运动员在某项目（包括技术规则17.14条、17.15.4条、54.10.8条、55.8.8条）的比赛区域中提供或接受帮助都将受到裁判长的警告，并被告诫如果再犯，将被取消该项目的比赛资格。

注：在技术规则6.3.1条或6.3.6条的情况下，可不经警告取消比赛资格。

不允许的帮助

6.3 根据本规则，下列情况应被认为是为运动员提供帮助，应予禁止：

6.3.1   比赛中，由不是同场比赛者、已被超圈者、将被超圈者，或使用其他任何技术设备（除技术规则6.4.4条和6.4.8条允许的）为运动员提供速度分配。

6.3.2   运动员在比赛场内持有或使用录像机、收音机、CD机、无线电广播通信机、移动电话或类似装置。

6.3.3   除了使用符合技术规则5条的比赛用鞋外，运动员所使用规则限定的设备中不能有可以获取有利条件的任何技术或设备。

6.3.4   使用任何辅助设备，除非从可能性上看，使用辅助器械不会为运动员提供比不使用此类辅助设备的运动员更好的整体竞争优势。

另请参阅网站上单独发布的"规则手册C：比赛"中的辅助设备规程。

6.3.5   由该比赛项目不相关的裁判员，或在该比赛中有特定岗位要求的人员提供建议或其他支持（例如，指导建议、指示跳跃项目中的起跳点，但在水平跳跃项目中指示犯规的起跳点、比赛中的时间或距离差距等除外）。

6.3.6　接受来自另一运动员有助于其在比赛中继续行进的行为支持（不包括帮助其恢复到站立位置）。

允许的帮助

6.4　根据本规则的规定，下列情况不认为是提供帮助，应予允许：

6.4.1　运动员与不在比赛区域内的教练员进行交流。

为便于这种交流，且不干扰比赛进行，在靠近每一项田赛比赛场地最近的看台上，应为参赛运动员的教练员保留座席。

注：教练员和其他人员依据技术规则54.10条和55.8条，可以和他的运动员进行交流。

6.4.2　在比赛区域内，依据技术规则6.1条，对运动员进行必要的医学检查、治疗和（或）物理治疗，以使运动员能够参加或继续参加比赛。

6.4.3　出于保护或医疗目的的各类个人防护品（如绷带、胶带、护腰、支持物、手腕冷却器、呼吸辅助设备等）。裁判长与医务代表一起，有权核实使用上述物品是否合理。（另见技术规则32.4条和32.5条）

6.4.4　如果不用于与其他人取得联系，在比赛中运动员可以携带或佩戴个人设备，如心率仪、速度距离检测仪、步幅传感器或其他类似设备。

6.4.5　参加田赛项目的运动员，可观看由在比赛区域（见技术规则6.1条的注释）外人员代为拍摄的先前的试跳（掷）影像，但观看设备或影像资料不得带入拍摄区域以外的比赛区域。为了确保更好地观看影像，运动员可边手持设备，边与拍摄人员交流。

6.4.6　在官方指定的站点或经相关裁判长同意向运动员提供的帽子、手套、鞋、衣服等。

6.4.7　接受来自裁判员或组织者指定的其他人员的物理援助，以恢复站立姿势或获取医疗帮助。

6.4.8　电子灯或类似设备显示比赛中行进时间，包括相关纪录。

技术规则6条在近些年不断更改以反映田径运动的开展方式、尊重教练员这一角色、管理创新以及新产品等。一旦新产品和趋势在比赛中经常见到，世界田联会持续对此作出回应。

此规则的修改是为了尽可能地便于运动员参赛，减少运动员或教练员与裁判员之间不必要的冲突。此规则的每一条款均应从这个角度解释，但还要随时确保比赛公平进行。

然而，技术规则6.3.5条明确规定，裁判员不应超出其职责范围帮助任何运动员，并特别举例说明，裁判员不应在跳跃项目中提供起跳位置的信息，除非在水平跳跃项目中裁判员为了指示犯规试跳的"接触"点。

7. 警告和取消比赛资格

真诚参赛，违反体育道德和不正当行为

7.1 运动员和接力队要真诚地参加比赛，不得有违反体育道德或不正当的行为。任何不遵守本规则的运动员或接力队都可被警告或取消比赛资格。

任何运动员或接力队在比赛中违反了此条规则，或依据竞赛规则6.1条注（ⅱ）（ⅲ）或（ⅳ），或依据技术规则6条、16.5条、17.14条、17.15.4条、25.5条、25.19条、54.7.6条、54.10.8条或55.8.8条，相关裁判长有权予以警告或取消比赛资格。给予运动员警告，应向运动员出示黄牌；取消其比赛资格，应出示红牌。这两种处罚均要填入成绩记录单，并告知竞赛秘书和其他裁判长。

检录裁判长有权处理从热身场地开始直至比赛场地涉及纪律方面的事宜。其他情况下，相关项目裁判长有权对参赛运动员比赛中或

比赛后的行为进行判罚。

任何其他人有违反体育道德或不正当行为，或向运动员提供规则不允许的帮助的情况，相关裁判长（如果可能，征求竞赛主任意见后）可予以警告或将其驱离比赛场地（或比赛相关区域，包括热身场地、检录处、教练员席）。

注（ i ）：裁判长在必要时不需警告，可以直接取消运动员或接力队的比赛资格。（另见技术规则6.2条的注）

注（ ii ）：在体育场外的比赛，在任何可行的情况下（如依据技术规则6条、54.10条或55.8条），跑和竞走项目裁判长在取消运动员比赛资格之前要予以其警告。如果裁判长的判罚出现争议，将执行技术规则8条。

注（ iii ）：根据本规则取消运动员或接力队的比赛资格时，如果裁判长知道运动员已有1张黄牌，他应在出示第2张黄牌后紧接着出示红牌。

注（ iv ）：如果运动员已有1张黄牌，而裁判长并不知道他已有1张黄牌，一经发现，具有与一起出示红牌相同的后果。相关裁判长要立即采取行动，通知运动员、接力队或已被取消比赛的运动队。

以下要点旨在为红黄牌出示与记录给予指导和进一步明确：

a. 黄牌、红牌可以就纪律方面的原因出示（主要参考此条规则），也可以是一些本质上是纪律性的技术犯规。

b. 通常情况下，出示红牌之前应出示黄牌，然而在极其恶劣违反体育道德或有不正当行为或未能真诚参赛的情况下，可以直接出示红牌。值得注意的是，不管怎样，运动员或接力队都有向申诉委员会提出申诉的权利。

c. 某些情况下，出示黄牌不实际或不合理。例如，技术规则6.2条注中特别允许了依据技术规则6.3.1条直接出示红牌的情况，比如在比赛中领跑。

d. 类似情况也可能随之而来，当裁判长出示了黄牌，而运动员或接力队以不当行为作出回应时，裁判长有理由立即出示红牌。对于不当行为的事例，并非必须是两个完全不同或发生在不同时间的行为。

e. 根据注（ⅲ），当裁判长得知当事运动员或接力队在比赛中已经有1张黄牌，并且打算出示1张红牌时，应首先出示第二张黄牌，然后再出示红牌。但是，如果裁判长没有出示第二张黄牌，也并不会影响出示红牌的有效性。

f. 当裁判长不知道运动员已经有1张黄牌时，他们只出示了1张黄牌，一旦知情，应尽快采取合理的措施取消该运动员的比赛资格。通常情况下，由该裁判长直接告知该运动员或通过其代表队告知。

g. 在接力项目中，1名或多名运动员在任何一轮比赛中有的牌均计入该队。因此，如果在该项目的任何一轮比赛中，1名运动员有2张黄牌或者2名不同的运动员有1张黄牌，则该队要被视为有1张红牌并要被取消比赛资格。

因违反技术规则而被取消比赛资格（除技术规则7.1条外）

7.2　如果运动员因违反技术规则而被取消比赛资格（除了技术规则7.1条），那么他在该项目该赛次中取得的成绩无效。然而在此项目之前的赛次，以及前面参加的其他项目取得的成绩或全能项目中前面的单项成绩则有效。这种取消资格不影响该运动员参加其他所有后续项目的比赛。

因违反技术规则7.1条而被取消比赛资格

7.3　运动员在比赛中违反技术规则7.1条，他将被取消该项目的比赛资格。如果运动员的第二次警告出现在另外的比赛项目中，他将被取消第二次警告所在项目的比赛资格。他在该项目该赛次比赛中取得的成绩无效。但在此项之前的赛次以及前面参加的其他项目取得的成绩或全能项目中前面的单项成绩有效。受到这种取消资格的判罚，运动员将不能继续参加本次赛会所有后续项目或赛次（包括全能项目的单项、兼项参加的其他项目及接力项目）的比赛。

7.4　接力队在比赛中违反技术规则7.1条，接力队将被取消该项目的参赛资格。但在该项目前面赛次比赛中取得的成绩有效。如果接力队被取消比赛资格是由于运动员在个人项目比赛中根据规则技术7.1条被取消比赛资格的行为方式导致的，则本规则7.3条将适用于该运动员（们）。否则，这种取消资格并不妨碍该队任何运动员或接力队继续参加本次赛会任何其他项目的比赛。

然而，如果运动员个人1次或多次的犯规行为性质严重，则依据技术规则7.1条进行相应的判罚。

7.5 如果认为该次犯规性质严重，竞赛主任须向相关管理机构报告以考虑进一步的纪律处罚。

技术规则7.3条也适用于在接力赛中受到第二次警告的运动员，或在接力赛中直接被取消比赛资格而导致该接力队被取消比赛资格的运动员。

8. 抗议与申诉

8.1 对运动员的参赛资格提出抗议，必须在比赛开始前向技术代表提出。技术代表作出裁定后，相关人员有权向申诉委员会提出申诉。如果在赛前未能圆满解决该申诉，则须允许该运动员"在抗议下"参加比赛，并将此申诉提交给相关管理机构。

8.2 如抗议涉及某项（赛次）比赛的成绩或进

程，则要在该项（赛次）比赛成绩正式公告后30分钟内提出。

比赛组织者要确保记录下所有比赛成绩的公告时间。

8.3 所有抗议均须由运动员本人、运动员代表或运动队代表向有关裁判长口头提出。运动员或运动队所提抗议（以及随后的申诉）必须与其正在参加的同一项目的同一赛（轮）次的比赛（或正在参加进行团体积分的比赛）相关。为了作出公正裁决，裁判长应考虑任何有效的证据，包括由大会正式摄像机拍摄的视频、照片或其他视频证据。裁判长可就抗议作出裁决，也可将该问题提交申诉委员会。裁判长作出裁决后，运动员仍有向申诉委员会提请申诉的权益。当裁判长不在或无法联系时，抗议应由技术信息中心向裁判长提出。

注：如果指派了世界田联终点摄影裁判员，在涉及运动员名次的抗议时，其应作为跑和竞走项目裁判长。

8.4 在跑和竞走项目中，

8.4.1 如果运动员对起跑犯规的判罚提出即时的口头抗议，起点裁判长（或如果没有指派起点裁判长，相关跑和竞走项目裁判长）对此存在疑问，可以让该运动员"在抗议下"

比赛，以便保留所有相关的权益。如果起跑犯规是由世界田联批准的起跑信息系统检测到的，则不允许其"在抗议下"比赛，除非裁判长认定该起跑信息系统提供的信息明显不准确。如果运动员被允许"在抗议下"比赛，要在该运动员面前出示红白牌（用对角线分为红白两半）。

8.4.2 对发令员未能召回的起跑犯规，以及根据技术规则16.5条的规定，对未能中止的起跑进行抗议。抗议通常应只能由通过真诚努力地完成了该项比赛的运动员或其代表提出。如果抗议成立，则任何在本项比赛中负有起跑犯规责任或做出一定行为导致起跑中止的运动员，以及根据技术规则16.5条、16.8条或39.8.3条的规定应给予警告或取消比赛资格的运动员，将被警告或取消比赛资格。无论是否有运动员被警告或取消比赛资格，出于公正目的，裁判长有权宣布比赛或比赛的一部分无效，该比赛或比赛的一部分应重新进行。

注：无论是否使用起跑信息系统，

运动员都可以引用技术规则8.4.2条提出抗议和申诉。

8.4.3　如果运动员由于起跑犯规的错误判罚而被取消比赛资格，他提出抗议或申诉，比赛结束后，如果抗议或申诉成立，则应给予运动员单独比赛的机会并且记录成绩，如果该成绩符合晋级标准，运动员应晋级下一赛次。任何运动员未参加比赛，则不得晋级后续赛次的比赛，除非裁判长或申诉委员会在特殊情况下作出决定，如下一赛次之前的时间很短或比赛的时长很短等。

注：裁判长或申诉委员会也可在其他认为合适的情况下运用这条规则（见技术规则17.1条）。

8.4.4　当抗议由未完成比赛的运动员或运动队的代表提出时，裁判长必须首先确定，该运动员或运动队是否因违反与抗议中提及的事项无关的规则而被取消资格。如果是这种情况，则抗议要被驳回。

起点裁判长在裁决起跑犯规的口头抗议时，应考虑所有可用数据，当发现抗议有可能成立时，他应允许运动员"在抗议下"参赛。比赛后，裁判长应作出最后决定，该决定可能会被提交到申诉委员会。

若起跑犯规是由明显工作正常的起跑信息系统检测到的，或者明显观察到运动员起跑犯规了，且无有效理由支持抗议时，裁判长不应允许运动员"在抗议下"参赛。但是，通常当反应时非常接近极限时，运动员的移动是很难用肉眼捕捉到的。在这种情况下，起点裁判长通常会需要进一步研究技术证据，因此，裁判长会允许运动员"在抗议下"参赛，以便维护相关各方的权益。

此规则不仅适用于发令员无法召回的起跑犯规的比赛，也适用于发令员未能正确地"中止"发令的比赛。在这两种情况下，裁判长必须考虑特殊情况下的所有因素，并决定比赛（或者部分比赛）重新进行。

举两个极端情况的例子，在马拉松比赛中完赛运动员对没有召回的抢跑负有责任则不需要重跑，重赛是不合理也是不必要的。同样的情况，在短跑项目中运动员对未能召回的抢跑负有责任可能也不需要重赛，因为这可能已经影响到其他运动员的起跑以及后续赛事。

另外，例如在初选晋级赛中，或者在全能项目的径赛比赛中，当很明显只有1名或部分运动员因未能召回起跑犯规的赛事或中止起跑而处于不利地位时，裁判长可以决定只有这部分运动员进行重赛，以及在什么样的条件下重赛。

技术规则8.4.3条涵盖了运动员因为被误判为起跑犯规并取消比赛资格的情形。

8.5　在田赛项目中，如果运动员对试跳（掷）失败的判罚提出即时口头抗议，该项目的裁判长对此也存有疑虑，可以下令测量并记录该次试跳（掷）的成绩，以便保留所有相关各方的权益。

如果发生对试跳（掷）判罚的抗议：

8.5.1　在远度项目的前3轮中，有8名以上运动员参赛，如果抗议或随后的申诉成立，运动员将晋级下一轮次的比赛；或

8.5.2　在高度项目中，只有抗议或随后的申诉成立，运动员才能进入下一高度的比赛，

裁判长如存有疑虑，可以允许运动员"在抗议下"继续比赛，以保留所有相关方的权益。

当裁判长确信裁判员的判罚是正确的，特别是通过其自身观察或根据视频裁判长的意见，运动员则不应被允许继续比赛。

但在考虑是否下令测量已被提出即时口头抗议的试跳（掷）时，裁判长应该：

a. 当有明显的违反规则的情况，例如，在跳远比赛中运动员在橡皮泥上留下了明显痕迹，或在投掷项目中器械明显落于扇形落地区外时，则不应测量；

b. 若有任何疑虑，则都要测量（并立即执行，以确保不延误比赛）。

此规则的良好运用在于落点裁判员应随时标记器械落地点（投掷项目中器械明显落于扇形落地区外的情况除外），即便是他们看到了红旗示意。除了运动员即时口头抗议的可能，也有可能是裁判员举旗错误或意外地举错了旗。

8.6   只有当裁判长的裁决或申诉委员会裁决申诉成立时，该运动员有争议的成绩和其"在抗议下"比赛所取得的成绩才将成为有效成绩。

在田赛项目中，由于有运动员"在抗议下"比赛，因此另外1名本不能继续比赛的运动员被允许继续比赛，不管"在抗议下"比赛的运动员的即时口头抗议是否成功，另外这名运动员的成绩和最终成绩均为有效。

技术规则8.6条第一段不仅适用于田赛项目，而且适用于所有项目。

8.7   提交申诉委员会的申诉必须在30分钟以内提出：

8.7.1   裁判长作出裁决、比赛成绩更正正式公告后；或

8.7.2   通知抗议者比赛成绩没有任何改动后。

申诉必须以书面形式提交，由运动员本人、

其代表或者运动队的代表签名，并附上100美元或其他等值货币的申诉费。如果该申诉被驳回，则申诉费不予退还。运动员或运动队提出的申诉必须与他们正在参加项目同一赛（轮）次的比赛有关（或正在参加的进行团体积分的比赛）。

注：有关裁判长在对抗议作出决定后，要立即通知技术信息中心通报决定的时间。如裁判长无法口头向有关运动队或运动员传达决定，则以技术信息中心张贴裁决结果的时间或技术信息中心更正成绩的时间为官方公告时间。

8.8　申诉委员会应向所有有关人员问询，包括相关裁判长（除非申诉委员会全力维护裁判长的裁决）。如果申诉委员会存有疑虑，则可以考虑其他有效的证据。如果根据此类证据，包括任何有效的视频证据，仍无法得出结论，则申诉委员须认可有关裁判长或竞走主裁判的裁决。

8.9　如果出现新的确凿的证据，而且条件允许，申诉委员会可以重新作出裁决。通常情况下，这些重新裁决应在有关项目颁奖仪式开始之前作出，除非相关管理机构认为有其他正当理由。

在某些情况下，如果切实可行且有实际意义的话，裁判员（竞赛规则19.2条）、裁判长（竞赛规则18.6

条）以及申诉委员会（技术规则8.9条）都可以重新作出决定。

8.10　当裁决涉及规则以外的问题时，将由申诉委员会主席稍后向世界田联首席执行官汇报。

8.11　申诉委员会的裁决（当没有申诉委员会或者没有提交申诉给申诉委员会时，则裁判长的裁决）为最终决定，不得提出进一步的申诉，包括向体育仲裁法庭申诉。

9.　混合比赛

9.1　根据相关管理机构适用的规程，允许男女混合一起参加如接力跑或其他集体项目的混同组比赛，即男女一起进行的比赛，或者男女为单一组别的比赛。

9.2　除技术规则9.1条规定的比赛外，其他完全在体育场内举行的所有比赛，一般不允许有男女混合参赛的项目。

但是，以下情况可被允许：

- 适用的规程允许，在世界排名比赛定义1.（a）（b）（c）和2.（a）（b）（c）所述的田赛项目比赛中，

- 在世界排名比赛定义1.（d）（e）和2.（d）（e）所述的田赛项目比赛中，以及经相关地区联合会特别许可在技术规则9.2.1条所述的项目中，

- 在世界排名比赛定义3条所述的田赛项目比赛中，以及经相关国家会员协会特别许可在技术规则9.2.1条所述的项目中：

9.2.1　只有当1个或2个性别的运动员人数不足，合组比赛比分组比赛在组织上更合理时，才允许在体育场进行5000米或以上项目的混合比赛。每位运动员的性别必须标注在成绩单上。在任何情况下，混合比赛中不允许某一性别的运动员为另一性别的运动员提供配速或帮助。

9.2.2　混合比赛的田赛项目可在1个或多个比赛场地同时进行。应使用单独的成绩单，并按性别公布比赛成绩。此类赛事的每一轮试跳（掷）可以召集某一性别的运动员，随后是另一性别的运动员，或者交替进行。在执行技术规则25.17条时，所有运动员应被视为同性。当在一个比赛场地进行高度跳跃项目时，必须严格执行技术规则26至28条，包括在整场比赛中横杆必须按照一套赛前宣布的升高计划递升。

技术规则9.2.1条是为5000米及以上项目，报名参赛的单一或者两种性别的运动员人数很少时提供便利。此规则的意图不是让女性运动员在与男性运动员同场比赛中获得潜在提高成绩的机会。

要明确的是，混合比赛：

a. 在所有全国性比赛田赛项目中，以及依据技术规则9.2.1条的规定经相关国家会员协会特别许可在5000米及以上项目比赛中（无须地区联合会额外许可）；

b. 在举办世界排名比赛定义1.（d）（e）和2.（d）（e）所述比赛的田赛项目中，以及经相关地区联合会依据技术规则9.2.1条特别许可的5000米及以上项目比赛中；

c. 不允许在举办世界排名比赛定义1.（a）（b）（c）和2.（a）（b）（c）所述的比赛中举行，除非在田赛项目中适用的规程已作规定。

在男女混合比赛中，对世界纪录的承认有严格的限制条款——见竞赛规则31.1条（涉及5000米及以上径赛项目）和竞赛规则32条（涉及女子路跑项目）。竞赛规则32条注（ⅱ）提供指导，在男女共同参赛或可能共同参赛的情况下如何实现单一女子组比赛（以便能够承认女子纪录）。

（另见竞赛规则25.2条及25.3条。）

10. 检验和测量

10.1   技术规则2条、11.2条、11.3条和41条涉及的体育设施的标记和安装的准确性，应由合格的测量员检验和测量，他要向相关组织和（或）场地设施所有者或经营者提供检验证书和详细测量资料。需为测量员提供进入体育场的计划和图纸，以及以认证为目的的最近的测量报告。

10.2　举办世界排名比赛定义1.（a）（b）（c）和2.（a）（b）所述的径赛和田赛项目比赛，所有测量都要使用经过校验的钢卷尺、棍尺或科学测量仪器。它们均应依据国际标准生产和校准。比赛中使用的测量仪器的精准度应由国家测量部门认定的有关机构验证。

在举办世界排名比赛定义1.（a）（b）（c）和2.（a）（b）所述比赛之外的其他比赛中，测量时可以使用玻璃纤维卷尺。

注：关于承认纪录，见竞赛规则31.17.1条。

11.　有效成绩

11.1　运动员只有在世界排名的比赛中创造的成绩方为有效。

11.2　如果符合以下所有的条件，通常在体育场内、传统田径场地以外（如在城市广场的临时设施、其他运动场地、海滩等举行）或体育场内搭建的临时场地所创造的成绩，须被认为是有效的：

11.2.1　竞赛规则1条规定的相关管理机构签发了赛事许可；

11.2.2　指派一批具有资格的国家田径裁判长在比赛中执裁；

11.2.3 情况允许时，使用符合规则要求的
设备和器械；和

11.2.4 比赛须在符合规则要求的场地、设
施上举行。根据技术规则10条，必
须在赛前对其进行检测，若可能，
在比赛当天进行检测。

若技术规则11.2条所述的比赛超过1天，检测应在第
一项比赛当天进行。或者如果测量员可以确认场地
设施在其测量后不会有任何移动变化，则测量最多
可以提前至赛前两天完成。

11.3 在完全或部分有顶的场地举行的比赛中，如
果场馆设施的长度或其他规格不符合短道比
赛规则，则在满足以下所有条件的情况下，
比赛成绩应视为在400米标准椭圆赛道上取
得的成绩，并予以承认：

11.3.1 竞赛规则1条规定的相关管理机构
签发了赛事许可；

11.3.2 指派一批具有资格的国家田径裁判
长技术官员在比赛中执裁；

11.3.3 情况允许时，使用符合规则要求的
设备和器械；

11.3.4 如为椭圆形跑道，其长度大于
201.2米（220码），但不大于400
米；和

11.3.5 如涉及在临时场地上举行，比赛须

在符合规则要求的场地或设施上进行，关于这点已按照技术规则10条进行了检测。

注：比赛场地设施合格报告所使用的现行标准表格可从世界田联办公室获取，也可以从世界田联网站或者视情况从全球赛历平台下载。

在没有获得任何利益且没有违反相关规则的合规场地设施上所取得的成绩，可作为与该项目相等距离的室外比赛的成绩，并可用于任何目的的统计（成绩，例如在带顶棚的400米跑道和直道上所取得的）。目前将在200米以下室内跑道上取得的成绩计入在200米室内跑道上取得的成绩的做法没有改变。

11.4　　在径赛晋级赛或田赛及格赛赛次中、在跳高和撑竿跳高的决名次赛中、在随后根据竞赛规则18.7条或技术规则8.4.2条、17.1条或25.20条规定而被宣布无效的比赛或部分比赛中、在适用了技术规则54.7.3条的竞走项目中，且运动员未被取消比赛资格，或在无论运动员是否完成了整个全能项目的单项比赛中，按照相关规则规定所取得的成绩，在用于统计、纪录、排名和达到报名标准时通常将被当作有效成绩。

世界田联已特别明确，仅为确定运动员是否已达到可参加全能项目比赛的参赛标准：

"条件都应符合每个单项比赛要求，除了在测量风速的项目中，至少需满足以下一个条件：

a. 在任何单项中，风速不能超过+4米/秒；

b. 平均风速（基于每个单项比赛测量的风速的代数和，除以这些项目的总数）不能超过+2米/秒。"

12.　　视频录制

举办世界排名比赛定义1.（a）（b）和（c）所述的比赛，如果条件许可，在其他比赛中，要使用官方录像以满足技术代表的要求拍摄所有项目的比赛。当指派了视频裁判长时，影像录像也应足以帮助其履行其职责，还能查看成绩的准确性和是否有任何犯规情况。

世界田联提供《视频录制和视频裁判长指南》，可从世界田联网站下载。

当视频采集与回放系统可用时，应为所有比赛指派一名视频裁判长，这将对赛事许多方面的实际监督起到至关重要的作用。

视频裁判长在跑和竞走项目比赛中通常能够主动执裁（如起跑、在弯道内侧跑进、冲撞和阻挡、提前切入内道、接力赛交接棒）。如果有足够的摄像机和设备在部分或者全部田赛项目中发挥类似作用，其也可以承担类似的职责，但是通常为被动的方式，即当场裁判长要求对特殊事件进行进一步检查和审查时。

在跑和竞走项目中，视频裁判长在录像室通过一个或多个屏幕观察比赛，然后基于其观察或者来自比赛场地裁判长或检查主裁判的问询，对一个或多个特殊事件进行回放检查。如果很明显看到了违反规则的情况，他应作出相应的裁决，并传达给跑和竞走项目裁判长以及终点摄影主裁判。类似地，如果一名检查裁判员或者跑或竞走项目裁判长报告了可能的违规情况，视频裁判长应进行检查并提供相应的建议与作出相应决定。

此外，官方录像跟过去一样将协助解决抗议与申诉。

有经验的公司为赛事提供现有服务的情况变得普遍，可以取代组织者自己布置摄像机。当然两者都可行。

13. 计分

除非在适用的规程中明确规定，在以团体总分来判定胜负的比赛中，计分方法应在赛前得到所有协会或参赛队的一致认可。

第二部分　径赛项目

技术规则17.1条、17.6条（除技术规则54.12条及55.9条外）、17.14条、18.2条、19条及21.1条也适用于技术规则第六、第七和第八部分。

14.　跑道数据

14.1　标准跑道的长度为400米（"400米标准椭圆形跑道"）。标准跑道由两条平行的直道和两条半径相等的弯道组成。跑道内侧以适宜材料制成的突沿加以分界，并漆成白色。突沿高为55至65毫米，宽为50至250毫米。两条直道上可以不设突沿，用50毫米宽的白线代替。

如因举行田赛项目比赛而需临时移除弯道突沿的一部分，则应用50毫米宽的白线在突沿下方原有位置标出，并在白线上放置锥形物或小旗，其高度至少为0.15米，锥形物的底座边沿或小旗的旗杆应与白线外沿重合，间隔不超过4米（水池设在跑道内侧的弯道部分间隔为2米）。（标志旗应朝向跑道内侧与跑道地面成60°角。）本条款（包括设置临时的突沿）也适用于障碍跑中运动员从主跑道转向跨越水池所跑的那部分跑道，也适用于依据技术规则17.5.2条进行起跑的外侧跑道，也可选择在直道上放置标志物，间隔不超过10米。

注：关于直曲段分界点，不管是从直道转至弯道，还是从弯道转至直道，都必须由测量员做标记，用50毫米×50毫米的明显的颜色标记在白线上，比赛时，在这些点上放置锥形物。

14.2　应在跑道突沿外沿以外30厘米处测量跑道长度，如没有突沿的弯道（或从主跑道转向障碍水池段），则应在距内侧分道线外沿20厘米处进行测量。

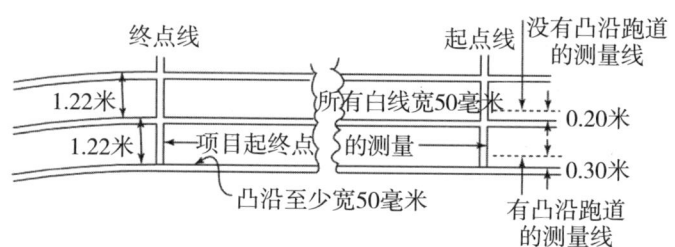

技术规则14条图　跑道测量（内场视角）

14.3　比赛距离为从起点线后沿（离终点线较远的边沿）量至终点线后沿（离起跑线较近的边沿）。

14.4　400米及400米以下各项径赛，每位运动员应占有一条分道，分道宽应为1.22米±0.01

米，包括右侧的分道线，分道线为宽50毫米的白线。所有分道宽应相同。按技术规则14.2条的规定测量第1分道，其他分道应在其内侧分道线外沿以外0.20米处进行测量。

注：在2004年1月1日以前建设的场地，其分道宽最大可为1.25米。但是，当这样的场地重新铺设时，跑道宽须符合本规则要求。

14.5 举办世界排名比赛定义1.（a）（b）（c）和2.（a）（b）所述的比赛，径赛跑道至少要设8条分道。

14.6 跑道的横向倾斜度不得超过1：100（1%），除由世界田联提供豁免证明的特殊情况外，并且在任何起点线与终点线之间在跑进方向上的向下倾斜度不得超过1：1000（0.1%）。

14.7 《世界田联田径场地设施手册》中包含全部有关跑道结构、设计和标记的技术信息。本规则给出的基本原则必须遵守。

当突沿的任何部分临时被移开时，应尽可能减少移除的长度，以使田赛项目公平、有效地进行。

《世界田联田径场地设施手册》中指明了场地标记所使用的颜色。

15. 起跑器

15.1 400米及以下（包括4×200米、异程接力和4×400米接力的第一棒）各项径赛的起跑必须使用起跑器，其他项目不得使用起跑器。在跑道上安装起跑器时，起跑器的任何部分不得触及起跑线或延伸到其他分道，除非没有阻碍其他运动员，起跑器框架的后部可以延伸到外侧分道线以外。

15.2 起跑器应符合以下技术规范：

15.2.1 起跑器由两块抵脚板组成，供运动员起跑时两脚蹬踏，并被安装在刚性框架上。起跑器的结构必须十分坚固，不得给予运动员不公正的利益。刚性框架不得妨碍运动员双脚蹬离起跑器。

15.2.2 抵脚板须倾斜，以适应运动员的起跑姿势。板面可以是平面，也可稍呈凹形。板面上可有凹槽和沟穴，也可覆盖适宜材料，便于运动员使用钉鞋。

15.2.3 框架上抵脚板的角度可以进行调整，但在运动员起跑时不允许移动。无论何种情况，抵脚板的相对位置应可以前后调整。调整后，应使用坚固的夹具或锁扣进行固定，便于运动员简单、快速操作。

15.2.4 可用梢钉或钉子将起跑器固定在跑道上，把对跑道的损害降至最低限度。起跑器的安装应能使其快速固定和迅速移除。钉子的数量、粗细、长度应根据跑道的结构而定。应使起跑器在运动员起跑时不会移动。

15.2.5　运动员可使用自备起跑器，但必须符合本规则要求。起跑器的设计样式和结构不限，但不得妨碍其他运动员。

15.3　在举办世界排名比赛定义1.（a）（b）（c）和2.（a）（b）所述的比赛中，以及根据竞赛规则32条申请承认为世界纪录的成绩时，起跑器必须与世界田联批准的起跑信息系统连接。强烈建议在其他比赛中也使用这套系统。

注：此外，也可使用符合规则规定的自动召回系统。

15.4　在举办世界排名比赛定义1.和 2.（a）（b）所述的比赛中，运动员必须使用比赛组织者提供的起跑器。在合成面层跑道上进行的其他比赛，组织者也可规定运动员必须使用主办方提供的起跑器。

这条规则应解释为：

a. 起跑器框架和抵脚板的任何部分都不能超过起跑线；

b. 在不干扰其他运动员的情况下，起跑器框架（但不包括抵脚板的任何部分）可以延伸至外侧跑道。这点主要体现在运动员长期以来在弯道起跑时将起跑器以一定角度放置，以便起跑后能够沿直线跑进。

对于聋人或有听力障碍的运动员，起跑可以使用灯，该方法不被认为是帮助。除非赛会指定技术供应商可以提供此种设备，否则运动员和其资助团队应负责提供此种设备，并且该设备应与现有起跑设备兼容。

16. 起跑

16.1 须用50毫米宽的白线标出起跑线。所有不分道跑的径赛项目，起跑线应为弧线，以使所有运动员从与终点相同的距离处开始起跑。所有项目的出发位置须面对跑进方向，从左至右编号。

注（ⅰ）：对于体育场外项目的起点，起跑线可以用0.30米宽的白线画出，也可用区别于起跑区域地面的任何颜色画出。

注（ⅱ）：1500米项目的起跑线或其他弧形起跑线，可以向在相同面层的跑道延伸至外侧分道线以外。

为了有效地完成起跑程序，并且在大型比赛中方便介绍比赛运动员，当运动员在起跑线前集结时，应面向跑进方向站立。

16.2　　　在举办世界排名比赛定义1.（a）（b）
　　　　　（c）（d）和2.（d）所述的比赛中，发令
　　　　　员只能用英语发令。在所有其他比赛中，发
　　　　　令员应用当地语言、英语或法语发令。

　　　16.2.1　400米及400米以下的各个径赛项
　　　　　　　目（包括4×200米、技术规则24.1
　　　　　　　条定义的异程接力和4×400米接
　　　　　　　力），起跑时要使用"各就位"和
　　　　　　　"预备"的英文口令。

　　　16.2.2　400米以上的各个径赛项目（除
　　　　　　　了4×200米、异程接力和4×400
　　　　　　　米），起跑时要使用"各就位"的
　　　　　　　英文口令。

　　　16.2.3　任何径赛项目中，依据技术规则
　　　　　　　16.5条，发令员对运动员在各就位
　　　　　　　后准备起跑的过程不满意，或者由
　　　　　　　于其他原因而中止发令程序时，应
　　　　　　　用英语口令"Stand Up"。

　　　　　通常所有径赛项目须由发令员用发令枪朝
　　　　　天鸣放，以枪声作为起跑信号。

发令员须确认相关计时团队和终点裁判员，200米
及以下项目包括风速仪操作员，准备就位后方可启
动发令程序。起点与终点以及计时团队的通信方式
根据不同级别的比赛而有所不同。在世界排名比赛
定义1.和 2.（a）（b）所述的比赛及其他高水平赛

事中，有专门的服务公司负责电子计时和起跑信息系统。在这种情况下，将有专门的技术人员负责通信。在其他比赛中，可以使用很多种通信方式，如对讲机、电话、旗示或闪烁的灯光等。

16.3　400米及400米以下的各径赛项目（包括4×200米、异程接力和4×400米接力的第一棒），运动员须使用起跑器进行蹲踞式起跑。在"各就位"口令之后，运动员须走向起跑线，完全在自己的分道内和起跑线后做好准备姿势。"各就位"后，运动员不应用手或脚触及起跑线或起跑线前的地面。双手和至少一个膝盖应触地，双脚应接触起跑器。发出"预备"口令时，运动员应立即抬高身体做好最后的起跑姿势，此时运动员的双手仍须与地面接触，双脚不离开抵脚板。一旦发令员认为所有运动员的"预备"姿势稳定后，即可鸣枪。

在所有采用蹲踞式起跑的比赛中，当运动员在起跑器上稳定后，发令员应举起持枪手，然后发出"预备"口令。待全部运动员停稳后鸣枪起跑。

发令员不应过早举起手臂，特别是在采用手计时的情况下。建议，仅当发令员将要发出"预备"口令时方可举起持枪手。

规则中没有规定"各就位"与"预备"口令的间隔时间，也没有规定"预备"和鸣枪的间隔时间。发令员应当在所有运动员以正确的起跑姿势准备并且

"没有动作"时发令让运动员起跑出发。这意味着，在某些发令的时候，发令员可能需要很快地开枪，但在另外一些情况下，发令员须等待更长的时间，以确保运动员已处于稳定的起跑姿势。

16.4　400米以上的径赛项目（除了4×200米、异程接力和4×400米），所有起跑均应采用站立姿势。在"各就位"口令后，运动员应走向起跑线，并在起跑线后做好起跑姿势（在分道起跑项目比赛中，应完全在各自的分道内）。"各就位"口令后，运动员不应用手接触地面，且不应用脚触及起跑线或起跑线前的地面。一旦发令员认为所有运动员的起跑姿势正确和稳定后，即可鸣枪。

16.5　在"各就位"或"预备"口令发出后，所有运动员均应立即做好最后的起跑姿势，不得延误。不管任何原因，如果发令员对运动员"各就位"后准备起跑的过程不满意，他应该命令所有的运动员从起跑线撤回，助理发令员将重新召集运动员（另见竞赛规则23条）。

根据发令员的判断，如果运动员有下列行为，发令员应中止起跑：

16.5.1　当运动员听到"各就位"或"预备"口令之后，在发令鸣枪发出信号之前，导致起跑中止：例如，在蹲踞式起跑中举手和（或）站立、

坐下，无正当理由（由相关裁判长评估）；或

16.5.2 没有执行"各就位"或"预备"口令，或未能在有效的时间内做好最后的起跑姿势；或

16.5.3 发令员发出"各就位"或"预备"口令后，运动员用声音、动作或其他方式干扰比赛中的其他运动员（们），导致该运动员（们）抢跑。

发令员必须中止该次起跑。

裁判长将根据技术规则7.1条和7.3条，以不正当行为为理由对该运动员进行警告（同一比赛中出现第二次犯规即被取消比赛资格）。这种情况不会出示绿卡。但是，考虑其他外部原因导致起跑中止，或者裁判长不同意发令员的决定时，应向所有运动员出示绿卡，表示本次起跑犯规不是由运动员引起的。

将起跑规则分为纪律部分（技术规则16.5条）和抢跑部分（技术规则16.7条和16.8条），以确保不因为1名运动员的行为而处罚所有运动员。很重要的一点是，为了保持这些规则的连续性和原意，发令员和裁判长在执行技术规则16.5条时应同发现抢跑犯规一样。

在此种情况下，不管是故意的行为还是由于紧张造成的非故意行为，都应该执行技术规则16.5条，除非发令员认为确实是非故意行为，可以执行技术规则16.2.3条。

反之，还有些情况下，运动员因正当理由有权要求推迟发令。起点裁判长应注意外部环境和起跑区周围的情况，特别是发令员关注起跑过程或者佩戴监控耳机而无法注意到的一些因素。

在以上情况下，发令员和裁判长必须作出合理、有效的反应，并且清楚地作出判决。如果可行，判决的原因应当场向比赛运动员宣布，在可能的情况下，该原因也应通过通信系统通报给播音员、电视制作团队等。

无论何种情况，当出示黄牌或红牌后，不得出示绿牌。

起跑犯规

16.6   当使用世界田联认证的起跑信息系统时，发令员和（或）指定的召回员应头戴耳机，以便清晰地听见监测系统发出的犯规提示声音信号（当反应时小于0.100秒）。发令枪响后，当发令员和（或）指定的召回员听到声音信号，应召回本次参赛运动员，并且发令员应立即检查起跑信息系统上的反应时和其他相关信息，以便确认对本次召回负责的运动员。

注：当使用世界田联认证的起跑信息系统时，该设备所提供的证据，应被用作能协助相关裁判员作出正确决定的一种信息来源。

16.7 运动员在做好最后起跑姿势之后，只能在接收到发令枪发出的信号之后开始起跑。如果发令员判定（包括根据竞赛规则22.6条）运动员在发令枪发出信号之前起跑，应判为起跑犯规。起跑的开始定义为：

16.7.1 采用蹲踞式起跑时，运动员的任何动作导致单脚或双脚离开起跑器踏板，或单手或双手离开地面；和

16.7.2 采用站立式起跑时，运动员的任何动作导致单脚或双脚没有接触地面。

如果发令员判定运动员在鸣枪之前，已经开始不停地有动作并且持续到开始起跑，将视为起跑犯规。

注（i）：运动员的任何其他动作，不应视为其起跑的开始。如有这种情况，运动员可被纪律警告或取消比赛资格。

注（ii）：当运动员采用站立式起跑即将失去平衡，如果这种情况被认为是偶然的，起跑应视为"不稳定"。在起跑前，如果运动员在起跑线上被推搡或挤，他可不被判罚。任何导致这种犯规的运动员可被纪律警告或取消比赛资格。

一般情况下，如果运动员没有与地面或者抵脚板失去接触，不应判抢跑。例如，如果运动员将臀部抬起，但是又接着落下，在此过程中他的手或脚没有失去与地面或者与抵脚板的接触，此情况不应判抢跑。这种情况可以根据技术规则16.5条，以不正当行为给予运动员警告（如果之前已经有过警告，则直接取消比赛资格）。

但是，在运动员"动态起跑"的情况下，如果发令员或者召回员认为，运动员使用连贯动作故意压枪起跑，即使他在响枪前没有移动他的手或者脚，此次起跑也应被召回。发令员或召回员都可以鸣枪召回，但只有发令员才能进行判罚，因为只有他知道他的手指扣发扳机的时机，以判断运动员是否压枪。在此种情况下，当发令员确认运动员的动作是在发令枪响前做出的，应该判抢跑。

根据本条规则注（ii），发令员和裁判长应该避免在采用站立式起跑的比赛中过度使用技术规则16.7条。这种情况很少发生，通常情况是由于采用两点支撑而造成的非故意失去平衡。在这种情况下通常不应判罚为犯规。

如果这种情况被认为是意外，建议发令员和裁判长首先判断为起跑"不稳定"，然后根据技术规则16.2.3条重新组织发令。然而，在同一场比赛中重复出现的违规行为可能会使发令员和/或裁判长考虑适用抢跑或纪律处分程序的相关规则，以适用当时的情况。

16.8　除全能项目外，任何对起跑犯规负有责任的运动员将被发令员取消该项目的比赛资格。

全能项目比赛，见技术规则39.8.3条。

注：实践中，当1名或多名运动员起跑犯规时，其他的运动员容易跟随，严格来讲，跟随者也属于起跑犯规。发令员可仅警告他认为对起跑犯规负有责任的1名或多名运动员。因此，受警告或被取消比赛资格的运动员可能不止1名。如果召回或者中止发令并非由任何运动员引起，则不应对运动员提出警告，并且要向所有运动员出示绿牌。

16.9　出现起跑犯规的情况后，助理发令员须按下述程序执行：

除全能比赛外，须取消对起跑犯规负有责任的1名或多名运动员的比赛资格，并在该运动员面前出示红黑牌（用对角线分为红黑两半）。

在全能比赛中，对第一次起跑犯规负有责任的1名或多名运动员须给予警告，并在该运动员面前出示黄黑牌（用对角线分为黄黑两半）。同时，由1名或多名助理发令员向所有该组比赛的其他运动员出示黄黑牌以示警告，并告知他们如果任何运动员再次起跑犯规将被取消比赛资格。如果再次发生起跑犯规，对起跑犯规负有责任的1名或多名运动员将被取消比赛资格，并在该运动员面前举起红黑牌。

每当在对对起跑犯规负有责任的1名或多名运动员高举警告牌后，应在运动员各自分道的道次墩上做出相应的标记。

建议，红黑牌的尺寸为A5大小，并且为双面。为了避免改造现有设备而造成不必要的花费，道次墩上的指示标志可以沿用原有黄与红标志的设计。

16.10 发令员或任一召回员认为本次起跑不公允，须以鸣枪或启动可听得到的声音信号召回运动员。

关于起跑不公允的规则不仅限于起跑犯规，这些规则还应用在其他情况下。例如，起跑器打滑以及1名或多名运动员在起跑过程中受到外来物体干扰等。

17. 径赛

阻挡

17.1 如果运动员在比赛中被挤撞或阻挡，从而影响其行进时：

17.1.1 如果挤撞或阻挡被认为是运动员非故意的行为，或者由其他方式引起的，裁判长认为运动员（或其所属队）因此受到严重的影响，根据竞赛规则18.7条或者技术规则8.4条，可命令比赛（1名、多名或所有运动员）重赛，或者允许受影响的运动员（或队）参加该项目下一赛次的比赛。

17.1.2　如果裁判长发现其他运动员应该为挤撞或阻挡负责，该运动员（或其所属队）应被取消该项目的比赛资格。裁判长认为运动员（或其所属队）因此受到严重影响，根据竞赛规则18.7条或技术规则8.4条可以命令除被取消比赛资格外的运动员（1名、多名或所有运动员）重赛，或允许受到严重影响的运动员（或队）参加该项目下一赛次的比赛。

注：在认为是足够严重的情况下，也可应用技术规则7.1条和7.3条。

在上述技术规则17.1.1条和17.1.2条的两种情况下，相关运动员（或队）通常应真诚努力地完成该项目的比赛。

推挤应理解为与其他1名或多名运动员发生1次或多次身体接触，从而导致不公平的优势或者因此造成其他1名或多名运动员受伤或给其带来伤害。

17.2　在所有比赛中：

17.2.1　在包括至少一个弯道的径赛项目中，比赛方向应为左手边靠内场。分道编号要以左边最内侧分道为第1分道。

17.2.2　根据可用的条件，完全在直道上跑，比赛方向可为左手边或右手靠内场；

17.2.3 　分道跑（或部分分道跑比赛）项目，运动员要自始至终保持在分配的分道内，且在弯道跑时不得踏上或跑进左侧分道线内侧，或者在内侧分道跑时不得踏上、跑进突沿或跑道内侧的边界标志线；

17.2.4 　不分道跑项目（或部分不分道跑项目），当运动员在弯道上、根据技术规则17.5.2条规定的外侧一半跑道上，或在障碍跑道与水池间变更的弧道上跑进时，不得踏上或跑入突沿，或实际分道线上，或边界标志线上（跑道内侧、外侧的一半跑道，或者障碍赛中水池变更段的弧段的任何部分）。

分道跑犯规

17.3 　在所有比赛中，如果裁判长根据裁判员、检查裁判员或其他关于某运动员违反技术规则17.2.3条或17.2.4条的情况，则该运动员或涉及接力项目的该接力队须被取消该项目的比赛资格。除非运动员：

17.3.1 　被他人推、挤而被迫踏或跑出自己的分道，或踏在实际分道线上或突沿线内侧；或

17.3.2　在直道上踏在分道线上或跑出自己的分道，在障碍水池变更跑道的直道上的任何部分踏在分道线上或跑出分道，或者在弯道上踏在或跑出自己分道的外侧分道线；或

17.3.3　在所有分道跑（或部分分道跑）项目的比赛中，在弯道上1次触及左侧分道线、突沿或跑道内侧的边界标记线；或

17.3.4　在所有不分道跑（或部分不分道跑）项目的比赛中，在弯道上一次踏上或跨越突沿、边界标志线（如技术规则17.2.4条规定的）；

并且没有任何运动员被挤撞或阻挡而妨碍其他运动员的行进（见技术规则17.1条）和没有获得实际利益（见技术规则17.4条）。

进行多个赛次的比赛时，在一个项目的所有赛次中某一运动员可有一次违反技术规则17.3.3条或17.3.4条规定的行为而不被取消该项目比赛资格的机会。无论该运动员在同一项目的同一赛次还是不同赛次出现第二次行为，都将被取消比赛资格。

在接力比赛中，无论是同一名运动员还是不同运动员，作为接力队成员的任何再一次的行为（如技术规则17.3.3条和17.3.4条所述），无论发生在相同赛次还是同一项

目的其他赛次中，都将导致该接力队被取消比赛资格。

有关申报纪录，见竞赛规则31.14.4条。

17.4 如果运动员通过任何方式提高名次（包括技术规则17.3条例外的情况）或使自己在比赛中为摆脱"被包夹"而踏上或跑入跑道内沿以内，而获得实际利益，运动员（或运动队）将被取消比赛资格。

技术规则17.4条特别指出，运动员为了摆脱被包夹位置提高名次试图在跑道内侧内跑进，直至摆脱被包夹位置（不管是否是故意还是被其他运动员推挤）。通常当运动员在直道1道以内跑进（区别于在弯道上发生同样的行为），不一定会被取消比赛资格。如果这种情况发生，即使运动员是由于被推挤至此位置，只要运动员从中获利，裁判长有权按照自己的判断决定是否取消运动员的比赛资格。在此种情况下，运动员应立即回到跑道内，不能试图得到任何利益。

当部分分道跑项目比赛时，技术规则17.2条和17.3条分别适用于比赛的每个部分。因此，根据技术规则17.3.3条或17.3.4条的违规只允许一次。在同一场比赛中第二次犯规将被取消比赛资格。当运动员的鞋或脚部分超过左侧分道线，需至少满足运动员的鞋或脚的轮廓部分触及分道线，即与分道线有接触（按鞋或脚相关部分的轮廓描绘），要执行技术规则17.3.3条。如果不是这种情况，则不执行此规则。

所有违反分道规则的犯规情况都要在赛事数据系统中可追踪查询，并需要显示在检录单和成绩单上（标准缩写即符号的使用见竞赛规则25.4条）。

这种"累计式"规则仅仅适用于同一个项目，不能适用于不同距离的比赛项目。

在全能项目比赛中，运动员在同一个单项中多于1次的违规将被取消比赛资格。在全能项目中，后续项目比赛不适用"累计式"规则。

17.5 举办世界排名比赛定义1条和2条所述的比赛，以及其他适宜的比赛时：

17.5.1 在800米跑比赛中，运动员应在自己的分道内跑完第一个弯道末端，越过抢道线后沿（距起跑线较近的边沿）之后，即可离开各自的分道。抢道线应为一条弧线，标记在第一个弯道末端，宽50毫米，横跨除了第1分道的所有跑道。为了帮助运动员识别抢道线，可在各分道线与抢道线交界处之前的分道线上放置锥形物、棱柱体或其他类似标志物，这些标志物最好与抢道线和分道线的颜色不同。

注：在举办世界排名比赛定义1.（e）和2.（e）所述的比赛中，参赛队可商定采用不分道跑。

17.5.2　在1000米、2000米、3000米、（可选水池在内场的3000米障碍）、5000米或10000米项目的比赛中，当运动员人数超过12人时，可将他们分成两组。大约2/3的运动员为一组，在常规弧形起跑线处起跑，其余运动员为外侧组，在另一条画在跑道外侧一半上的弧形起跑线处同时起跑。外侧组运动员应沿着外侧一半跑道跑至第一弯道末端，该段跑道将用技术规则14.1条所描述的锥形物、旗子或临时突沿标出。

设置第二弧形起跑线，须使所有运动员跑进的距离相等。

2000米和10000米外侧组的运动员在越过800米跑抢道线后即可加入常规起跑组的运动员中。

在1000米、3000米（可选水池在内场的3000米障碍）和5000米分组起跑时，则应在进入终点直段道处标明外侧组运动员可以加入常规起跑组抢道线的运动员之中。该（抢道点）标记大小是50毫米×50毫米，须位于第4和第5分道（如有6条分道，则在第3和第4分道）间的分道线上，在该标记之前放置一个锥形物或小旗，直到两组合并。

如果运动员不遵守此规则，他或他所在的接力队将被取消比赛资格。

在800米和相应的接力项目比赛中，于抢道线摆放的标记物，应为宽50毫米 × 50毫米，高度不超过0.15米。

需明确指出，当遵守竞赛规则25.4条规定时，以下情况运动员将被取消比赛资格：

a. 如果运动员踏上或跑进分道线内侧，视情况而定应适用技术规则17.2.3条或17.2.4条，

b. 如果运动员在抢道线或抢道点前离开指定的分道或外侧一半的跑道切入内侧，应适用技术规则17.5条。

离开跑道

17.6　运动员自动离开跑道后将不得继续参加该项目比赛，技术规则24.6条规定的情形除外，并被记录为中途退出比赛（DNF）。如果该运动员试图重新进入比赛，裁判长应取消其比赛资格。

标记

17.7　除技术规则24.4条所述情形外，在全部或第一棒为分道跑的接力项目中，运动员不可在跑道上或跑道沿线做标记或放置对其有帮助的标志物。检查裁判员应指导相关运动员遵守规则或者移除不符合规则的任何标记或标

志物。如果运动员不执行，检查裁判员应移除这些标记或标志物。

注：*严重情况可根据技术规则7.1条和7.3条作进一步处理。*

风速测量

17.8 凡使用的风速测量设备必须按国际标准生产制造和校准。比赛中使用的测量设备的精确度必须经过国家测量部门认可的相关机构验证。

17.9 在举办世界排名比赛定义1.和 2.（a）（b）（c）（e）所述的比赛中，以及申请承认为世界纪录的任何成绩，应使用非机械式风速仪。

机械式风速仪应有适当的防护装置，以减小侧风的影响。当风速仪为圆筒状时，测速部分两端的长度应至少为圆筒直径的2倍。

17.10 跑和竞走项目裁判长应确保测量径赛项目风速时，风速仪置于直道一侧且靠近第1分道，距终点线30米（50米和60米比赛）或50米（100米、110米和200米比赛）处。风速仪的测量平面高度为1.22米 ± 0.05米，离跑道边沿的距离不超过2米。

17.11 风速仪应能自动和（或）遥控开机、关机，并能将数据直接传送到竞赛系统。

17.12 应按下列规定时间从发令枪的闪光或枪烟开

始测定风速：

	时长
50米	5秒
50米栏	5秒
60米	5秒
60米栏	5秒
100米	10秒
100米栏	13秒
110米栏	13秒

在200米比赛中，除了在200米椭圆形跑道上进行的比赛，通常应从第一名运动员进入直道时开始测量风速，测量时间为10秒。

17.13 风速的判读单位为米/秒，进位到跑进方向更高的1/10米/秒，除非小数点后第二位数字是0（即判读为+2.03米/秒，应进位并记录为+2.1米/秒，判读为−2.03米/秒，应记录为−2.0米/秒）。显示单位为1/10米/秒的数字显示式风速仪应具备自动进位的功能，以与本规则相符。

分段时间显示

17.14 应正式宣告和（或）显示比赛的分段时间和领先运动员完成比赛的参考时间。除此之外，未经有关裁判长事先批准，在比赛场内的任何人都不得向运动员传递此类时间信息。有关裁判长可授权，或者指派一位工作人员赛中报时，但中途报时不可多于2个协议的计时点。

运动员接受中途报时违反此规则的，将被视为得到帮助，须按技术规则6.2条规定处理。

注：比赛场地通常设有硬隔离，定义为进行比赛的场地，并且只有参赛运动员或相关规则和规程授权的工作人员能够进入。

径赛项目的饮用/用水（海绵）和补给站设置

17.15 径赛项目的饮水/用水（海绵）和补给站设置：

17.15.1 在5000米及以上跑和竞走项目中，根据天气情况，组织者可向运动员提供饮水和浸水的海绵块。

17.15.2 在10000米以上跑和竞走项目中，须设置补给、饮水和用水、浸水的海绵供应站。补给品可由组织者官方提供或运动员自备，并放置在运动员方便拿取的位置，或由授权人员递送到运动员手中。由运动员自备补给品的，自该运动员或其代表上交之时起，应始终处于组织者指定人员的监控之下。这些裁判员须确保这些补给品不会有任何变质或篡改。

17.15.3　运动员可以在任何时间，手持或随身携带水或补给品，但必须是从起点或在指定的官方站点上领取或得到的。

17.15.4　运动员如果在指定官方站点以外的地方接受或获取补给品、饮用水，或者拿取了其他运动员的饮用水或补给品，除非因医学原因或在赛事工作人员的指导下，当第一次违反规则时，应由裁判长出示黄牌予以警告；第二次违反规则时，应由裁判长出示红牌，并取消该运动员的比赛资格。该运动员应立即离开赛道。

注：运动员之间可以接收或传递由起点或沿途官方供应站提供的补给品、饮水或海绵块。但由1名运动员向1名或多名运动员递送上述物品，任何持续性的支援，则被视为不公允的帮助，运动员应被警告或者取消比赛资格。

18.　终点

18.1　应用50毫米宽的白线标出终点线。

注：对终点设在体育场外的项目，终点线最

多可为0.30米宽，并用任何区别于终点区域地面的颜色标记。

18.2 判定运动员的终点名次，应以其躯干（不包括头、颈和四肢）的任何部位抵达终点线的后沿垂面的顺序为准。

18.3 在规定时间的计程比赛中，发令员须在比赛结束前1分钟鸣枪，以告知运动员和裁判员比赛即将结束。发令员应在主计时员的指挥下，在规定的比赛结束时间结束的一刻，再次鸣枪结束比赛。鸣枪瞬间为比赛结束的信号，有关裁判员应标出每名运动员在鸣枪前，或鸣枪瞬间最后一次触及跑道的确切位置。

所跑距离应丈量至运动员最后足迹位置之后，以米为单位，不足1米不计。比赛开始前，应指派至少1名裁判员负责1名运动员，以便标出该运动员完成的比赛距离。

《一小时计时跑赛事组织指南》可从世界田联网站下载。

19. 计时

19.1 下列3种计时方法均被承认为正式计时方法：

19.1.1 手计时；

19.1.2 全自动计时和终点摄影系统；

19.1.3 技术规则54条（不是全部赛程在体育场完成的比赛项目）、55条、56

条和57条规定的比赛中使用遥感感应系统提供的计时。

19.2 根据技术规则19.1.1条和19.1.2条，计时应至运动员躯干（不包括头、颈和四肢）的任何部位抵达终点线后沿垂直面的瞬间为止。

19.3 须记录所有抵达终点的运动员的时间。另外，如有可能，计取800米及以上项目的每圈时间和3000米及以上项目的每1000米的分段时间。

手计时

19.4 计时员应在跑道外侧与终点线排成一条直线。如有可能，计时员的位置应距跑道外侧至少5米远。为使所有计时员都能清楚地观察终点情况，应提供升高的计时台。

19.5 计时员应使用人工操作的具有数字显示功能的计时设备。为了保证规则的严谨性，这类设备统称为"表"。

19.6 根据技术规则19.3条中的计圈和分段计时的要求，要通过指定计时员使用可以不止一次计取分段时间的秒表计取，或通过额外的计时员计取，或通过传感器计取。

19.7 计时应从发令枪发出闪光或枪烟开始。

19.8 每个项目第一名以及涉及申报纪录的成绩应由3名正式计时员（其中1人为计时主裁判）和1～2名后备计时员计取。（关于全能项目，见技术规则 39.8.2条。）只有当1名或多名正式计时员的秒表不能准确地计取时间时，后备计时员的秒表所计时间才可用作替补，但事先要规定好替补的顺序，使所有径赛项目的第一名都应有3块秒表计取正式获胜成绩。

19.9　每名计时员都应独立工作，不得将所计取的成绩告诉他人或与其他人商讨所计的成绩，将成绩填写在成绩记录表内，签名后交给计时主裁判，计时主裁判可以验表以核对所报成绩。

19.10　所有采用手计时的比赛，应当按照以下方式读取和记录成绩：

19.10.1　在跑道上举行的径赛项目中，除非时间为整0.1秒，否则成绩应换算并记录为下一个较长的0.1秒，如10.11秒应记录为10.2秒。

19.10.2　部分或全部在外场举行的径赛项目，除非时间为整秒，否则成绩应换算并记录为下一个较长的整秒，如2:09:44.3应记录为2:09:45。

注：*1英里路跑项目，要转换为下一个较长的0.1秒。*

19.11　如果根据以上规定换算时间后，在3块正式计时的秒表中，2块秒表所计时间相同而第三块表不同时，应以这2块表所计时间为准；如3块秒表所计时间各不相同，应以中间时间为准；如只使用2块秒表计时，而所计时间不相同时，应以较长的时间为正式成绩。

19.12 计时主裁判根据上述条款要判定每名运动员的正式成绩，并将成绩单提交竞赛秘书用以发布。

全自动计时和终点摄影系统

系统

19.13 全自动计时和终点摄影系统必须经过测试，并具备在比赛前四年内获得的精度测试合格证书，包括以下条件：

19.13.1 该系统通过在终点线延长线上架设的摄像机记录终点情况，并能生成用于判定成绩的合成图像。

a. 对于世界排名比赛定义1条和2条所述的比赛，合成图像必须提供至少每秒1000帧的图像。

b. 对于其他比赛，合成图像必须提供至少每秒100帧的图像。

在任何情形下，图像必须与精确到0.01秒的时间标尺同步。

19.13.2 计时系统必须由发令员的信号自动

启动开始计时，从鸣枪或类似视觉
信号到计时系统启动之间的总延误
时间应是恒定的，并应等于或小于
0.001秒。

19.14 为了确保摄像装置对正终点线，便于判读终
点拍摄的图像，分道线与终点线的交叉点应
以合适的图形着成黑色。所有的这些图形必
须完全限定在交叉点内，不得大于20毫米，
也不得超出终点线的后沿。类似的黑色标记
可以放置在适当分道线与终点线的交叉点两
侧，以更便于判读。

19.15 运动员的名次须通过使用带有标线的图像读
取，该标线必须与时标垂直。

19.16 该系统必须能自动判定并记录运动员抵达终
点的时间，且必须能打印出标明每名运动员
抵达终点时间的图像。另外，该系统必须
能够提供表格总览，标出每位运动员的时间
或其他成绩信息。改变自动判读数据和手动
输入的数据（如起跑开始时间、终点结束时
间），可在系统打印的图像时标及表格总览
中自动显示出来。

19.17 如果系统是终点自动操作，而在起跑时未能
自动启动的计时装置，但只要该系统根据技
术规则19.7条启动计时或具备同等精准度，
应被视为手计时。该图像仍然可以作为有效
证据，以判定名次和调整运动员成绩之间的

间隔。

注：如果计时系统不是由发令员的信号启动，则合成的终点摄影图像上的时间标尺应能自动体现这一事实。

19.18 只能在起跑时自动启动，而不能在终点自动操作的计时装置，既不能视为手计时，也不能视为全自动计时。因此，不能视为正式时间成绩。

操作

19.19 终点摄影主裁判应负责本系统的正常运行。比赛开始前，他应与有关技术人员会面，熟悉设备的性能，检查所有可应用的设定。

在每一比赛单元开始前，终点摄影主裁判应与起点裁判长（如未指派起点裁判长，或相关跑和竞走项目裁判长）及发令员配合，进行一次零测试，以确保发令员的信号能在技术规则19.13.2条规定的时间（即小于等于0.001秒）内自动启动设备。

终点摄影主裁判还要监督设备的测试，确保所有摄影机与终点线完全对齐。

19.20 至少应有两台终点摄影机分别从两侧同时拍摄。更为可取的是，这些计时系统在技术上应相对独立，如采用不同的供电电源、不同的记录系统、不同的发令信号中继设备和电缆等。

注：如使用两台或两台以上终点摄影机时，赛前应由技术代表（或被指派的世界田联终点摄影裁判员）指定其中的一台为正式摄影机。只有当有理由怀疑正式摄影机的准确性或有必要使用辅助图像来判定运动员的终点名次时（在正式摄影机拍摄的图像中，运动员的整体或部分图像被遮挡），才可使用备用摄影机记录图像的时间和名次。

19.21　在足够数量的助理裁判员的协助下，终点摄影主裁判应判定运动员的名次和成绩。他要确保这些成绩准确地录入竞赛成绩系统，并送达竞赛秘书处。

在大型比赛中，在技术条件允许的情况下，通常终点摄影照片会立刻显示在视频屏幕上或在网上发布。通过这种方式将相关信息提供给正要考虑提出申诉和抗议的运动员或其代理人，以避免他们将时间浪费在不必要的申诉和抗议上。

19.22　应以全自动计时和终点摄影系统的时间作为正式成绩，除非有关裁判员以任何理由确定该时间明显不准确。如果出现此种情况，后备计时员计取的时间可以作为正式成绩。如有可能，可以终点摄影图像上获取的时间间隔为基础进行调整。当全自动计时系统存在失误的可能性时，必须指派后备手计时员。

19.23　应按下列要求从终点图像上判读和记录时间：

19.23.1　10000米及以下各跑道上径赛项目的成绩，除非正好为0.01秒，否则应进位和记录为下一个较长的0.01秒。如26:17.533，应记录为26:17.54。

19.23.2　在跑道上进行的10000米以上的各径赛项目的成绩，其尾数不是2个0的，应进位和记录为下一个较长的0.1秒，如59:26.322，应记录为59:26.4。

19.23.3　部分或全部在场外举行的径赛项目的成绩，其尾数不是3个0时，应进位和记录为下一个较长的整秒，如2:09:44.322，应记为2:09:45。

注：1英里路跑项目，要转换为下一个较长的0.01秒。

注：根据技术规则11.2条举行的比赛项目，计时和记录成绩要被视作在体育场进行的比赛。

感应计时系统

19.24　举行技术规则54条（不是全部在体育场进行的比赛项目）、55条、56条和57条所述的比赛时，应使用符合世界田联规则的感应计时系统，且必须符合下列条件：

19.24.1　使用的设备不得在起点、跑进线路或终点线上给运动员的行进造成明显阻挡或障碍。

19.24.2 运动员携带或佩戴的传感器和其外壳的重量并不明显。

19.24.3 该系统须由发令员的发令枪开启，或与起跑信号同步。

19.24.4 该系统不需要运动员在比赛中、在终点或任何阶段获取成绩的过程中采取任何操作。

19.25 在所有比赛中，时间的末位数不为0时，要换算并记录到下一个较长的整秒，如2:09:44.3，应记为2:09:45。

注（i）：正式成绩为从发令枪发出信号（或同步的起跑信号）至运动员抵达终点线之间的时间。可以让运动员知道他通过起点线到终点线所用时间，但这个时间不能成为正式成绩。

注（ii）：1英里路跑项目，要转换为下一个较长的0.1秒。

19.26 当确定运动员通过终点的顺序和时间为正式成绩时，如有需要，可按技术规则18.2条和19.2条处理。

注：建议，也可采用裁判员和/或使用录像视频提供协助来判定运动员的终点名次和识别运动员。

在使用感应计时时，组织者应当使用适当的备用系统，特别是在执行技术规则19.26条的情况下。当终点判定成绩接近的名次时（这种情况下使用感应计时通常很难判定），强烈推荐使用后备手计时员。

19.27　感应计时主裁判应负责感应计时系统的工作。在比赛开始前，他应与有关技术人员会面，使自己熟悉设备，检查所有可用的设定。他应监督感应计时设备的测试，以确保通过终点线的传感器能记录下运动员到达终点的时间。需要时，他与裁判长一起，确保按照技术规则19.26条判读成绩和名次。

20.　径赛项目的排序、抽签和晋级

赛次与分组

20.1　在参赛运动员人数过多，不能用一个赛次（决赛）公平地决出名次的径赛项目中，要举行晋级赛次（决赛前的各赛次）。举行晋级赛次时，所有运动员必须参赛，并通过各赛次的比赛，以取得参加决赛的资格。除非相关管理机构同意，就1个或多个比赛项目，授权在本场或前面的1场或多场比赛中组织额外的晋级赛，来决定谁有资格参加本次比赛和参加的赛次。要求运动员以这个程序或任何其他的方法（如在特定时间内达到报名标准、通过指定比赛的名次要求或通过特定的排名等）参赛及参加比赛的赛次，都要写在比赛的规程里。

注（i）：见技术规则8.4.3条。

注（ii）：额外的晋级赛可包括初选晋级赛和/或复活赛。

20.2 径赛项目的晋级赛次由技术代表安排。如未指定技术代表，则应由组织者排定。

20.2.1 在每场比赛的竞赛规程中，若无特殊情况，应包含晋级的赛次数、每赛次的组数，以及晋级方法等信息表，例如，按名次和成绩递补各录取多少人。须为任何额外的晋级赛次提供此类信息。

注（i）：如果在适用的竞赛规程中没有规定或者组织者没有作其他决定，可使用世界田联网站上公布的晋级表格。

注（ii）：适用的规程可以规定，如何由晋级赛后排名靠后的运动员填补因半决赛和决赛有人退赛时而产生的空缺位置。

20.2.2 在可能的情况下，在所有晋级赛次的比赛中，要将同一会员协会或同一参赛队的运动员，以及成绩最好的运动员编排到不同组次。第一赛次之后，通常根据技术规则20.4.3至20.4.5条，对编排在相同"道次组"中的运动员进行调整。

20.2.3 在安排晋级赛次时，应尽可能考虑所有运动员的成绩信息，通常通过分组抽签能使成绩最好的运动员进入决赛。

这包括尽可能避免成绩最好的运动员（通常要考虑达标成绩，也基于近期出色的职业成绩）被分到同一组，此条也适用于来自同一协会和同一参赛队的运动员。

在上面所有情况中，比赛分组的调整应该在初步分组后，抽签分道前进行。进行这些更改后，应进行最终检查以确保分组尽可能均衡。

在应用上述原则时，对运动员调整应：

a. 在比赛第一轮，按照规定时段内取得的成绩对排名相近的运动员进行调整；和

b. 在后继赛次，根据技术规则20.4.3至20.4.5条，在相同"道次组"中的运动员之间进行编排调整。

除非适用的规程另有规定，对于大型比赛，分组的基础应为运动员在规定的时间内取得的有效成绩（包括风速信息）。该规定的时间通常在适用的规程或报名标准中指明。如果没有类似的说明，"赛

季最佳"成绩必须使用，除非技术代表或组织者决定某1个、多个或所有项目，视情况选择替换时段或其他的适用标准。

在训练或测验中取得的成绩，即便是运动员在比赛中看似应该获得的成绩，但没有实际取得，此类成绩都不应该在编排中被考虑。

上述规则中关于"最好成绩运动员"的条款需要一些不同于条文的适当解释。例如，一名运动员通常应该按照高名次编排，但是有可能他没有在规定时段内取得任何有效成绩或成绩很差（因为受伤、生病、失去比赛资格或者参加短道比赛却只有400米标准椭圆形跑道体育场的成绩）。这样的运动员通常会被排在较后或者分组名单的后面，技术代表应考虑做出适当的调整。类似的原则应适用于避免在项目中同被认为最有希望夺冠的运动员之间的冲突，如果严格按照前一赛次的成绩，他们将被分到同一组，但是他们同被认为是比赛夺冠的热门运动员，这种情况下应该做出调整，避免他们在晋级赛次相遇。同样地，也应该尽可能避免来自同一协会或同一参赛队的运动员分在同一组。

根据以上原则，在一些赛次已经减少的项目比赛中，准确和经过深思熟虑的种子运动员的分组，对于保证比赛公平和运动上有吸引力显得尤其重要。

在较低水平的比赛中，技术代表或组织者可以考虑使用不同的调整原则，以取得相同的结果。

排名和分组组成

20.3　排序与分组，如下：

20.3.1　对于第一赛次，应根据运动员在事先规定的时段内或根据适用的规程取得的有效成绩的相关名单对其进行排名。

20.3.2　第一赛次之后：

a.　400米及以下的各项目、4 × 400米及以下的各项接力，要根据运动员前一赛次的名次和成绩进行编排。根据该原则，运动员将按下列顺序排名：

最快的第一名；

次快的第一名；

第三快的第一名，依次类推。

最快的第二名；

次快的第二名；

第三快的第二名，依次类推。

最后可按下列顺序补晋级：

按成绩录取的最快者；

按成绩录取的次快者；

按成绩录取的第三快者，依次类推。

b.　其他各项目，须继续执行运动

员首轮排序成绩后分组，只有在前面赛次中提高成绩的运动员才可进行调整。

20.3.3   在任何情况下，应将运动员按排列的序号，依照蛇形分布的方法编入各组。如按下列方法将排序晋级的24名运动员编为3组。

A	1	6	7	12	13	18	19	24
B	2	5	8	11	14	17	20	23
C	3	4	9	10	15	16	21	22

20.3.4   在任何情况下，在分组确定后，应抽签排定A、B、C三组的比赛顺序。

在第一轮比赛中，为了减少组数，400米以下的项目通常可以使用额外的跑道（例如，使用直道或椭圆跑道的第9分道）；在800米项目中，1条跑道上可以安排多于1名的运动员同时起跑。

决定组次顺序的抽签应该遵循公平的原则。在中长跑比赛中，最后一组的运动员会知道晋级下一赛次的时间、成绩。在短距离比赛中，由于天气变化也存在不公平问题（突然降雨或者风速、风向发生变化），遵循公平原则就是组次顺序要随机决定。

抽签排定道次

20.4   800米及以下的各项目、4×400米及以下各项接力赛，如在一次比赛中要连续进行几个赛次时，应按下列规定抽签排定道次：

20.4.1　除非适用的规程另有规定，第一赛次和根据技术规则20.1条规定的任何额外的晋级赛，抽签排定道次；

20.4.2　对于第一轮之后的任何赛次，应根据技术规则20.3.2（a）条，或在800米项目中按技术规则20.3.2（b）条的程序在每一赛次之后对运动员排序。

对于具有8条可用分道的比赛，3次抽签排定1组道次。若分道数多或少于8道，抽签的原则应作出一些必要的调整。

20.4.3　直道项目：

a.　选择排列前四名的运动员或队，抽签排定3、4、5、6道；

b.　选择排列第五、六名的运动员或队，抽签排定2、7道，和

c.　选择排列在最后2名的运动员或队，抽签排定1、8道。

20.4.4　200米项目：

a.　选择排列前三名的运动员或队，抽签排定5、6、7道；

b.　选择排列第四、五、六名的运动员或队，抽签排定3、

4、8道，和

c. 选择排列在最后2名的运动员
或队，抽签排定1、2道。

20.4.5 400米及所有4×400米以下的接力
项目和分道起跑的800米项目：

a. 选择排列前四名的运动员或
队，抽签排定4、5、6、7道；

b. 选择排列第五、六名的运动员
或队，抽签排定3、8道，和

c. 选择排列在最后2名的运动员
或队，抽签排定1、2道。

注（i）：*800米比赛每条跑道可安排1名
或2名运动员。但在举办世界排名比赛定义
1.（a）（b）（c）和2.（a）（b）所述的比
赛中，通常应在第一轮安排2名运动员一条
跑道，除非出现名次相同或者裁判长决定晋
级或申诉决定晋级，导致下一赛次的运动员
人数多于可用的跑道数。在举办世界排名比
赛定义1.（e）2.（e）和3条所述的比赛中，
800米比赛也可以不分道跑进行，采用弧形
起跑或分组起跑。*

注（ii）：*在800米比赛中，包括决赛，由
于一些原因，当有超过可用分道的运动员参
加比赛时，技术代表将抽签决定在哪一条分
道上不止1名运动员。*

注（ⅲ）：当分道多于参赛运动员人数时，不应使用内侧一条或多条分道。

关于注（ⅱ），技术代表没有特定的规范告知他们在哪些情况下如何决定，导致结果有很大差异。但是，这种情况只会影响第一弯道的跑进，并且其影响远不及短距离的分道项目。建议技术代表将额外的运动员安排在影响最小的分道上，通常为外侧跑道，这样运动员不会在弯道上过于拥挤。

关于注（ⅲ），当场地有多于8条分道时，技术代表（如没有指派技术代表，由组织者进行）将事先决定哪条分道被用于该目的。例如，在有9条椭圆形的分道上，当运动员人数少于9人时，将不使用第1分道。因为，当执行技术规则20.4条时，通常将第2分道视为第1分道使用，以此类推。

20.5　在举办世界排名比赛定义1.（a）（b）（c）和2.（a）（b）所述的比赛中，800米以上的项目和4×400米以上的接力项目，以及只进行决赛的项目，应抽签决定运动员分道或起跑位置。

20.6　当比赛项目决定采用举行一系列的比赛的方式，而非常规赛次及决赛，竞赛规程必须明确规定所有相关事宜，包括排序、抽签方法以及最终成绩的产生方法。

20.7　除非技术代表或裁判长认为这种更换是公平合理的，否则不允许运动员更换组别或分道参加比赛。

录取（比赛晋级）

20.8　　在实践中，所有晋级赛次的晋级表应至少允许录取每组的第一、第二名运动员晋级到下一赛次，如有可能，建议每组应至少录取3人。

除出现技术规则21条所述的情况外，任何其他运动员均可根据技术规则20.2条以比赛名次或成绩晋级，或按照相应的竞赛规程、技术代表的决定，获得进入下一赛次的资格。当按时间成绩录取时，只能采用同一种计时方法。

注：800米以上项目，如进行多个赛次，建议录取时应尽量减少按成绩录取的人数。

竞赛规程如果列出了事先制定好的晋级方法，通常要包含技术规则20.8条规定的原则。当没有列出时，技术代表或组织者应遵循以上相同的原则确定晋级方法。

但在有些情况下，技术规则21条可能造成规则应用的一些变化，特别是在通过名次晋级最后1个名额出现并列时。此种情况下，可能减少1名以时间成绩晋级的运动员。在有足够额外跑道的情况下，或在800米（超过1名运动员可以使用同一条跑道起跑）或不分道跑项目中，技术代表可以决定额外的运动员晋级。

根据技术规则20.8条的规定，在以时间成绩晋级时，只能采用同一种计时系统计取成绩，因此在资格赛中准备备用计时系统很重要，以防主计时系统（通常为终点摄影）出现故障。当两组或多组的时间成绩来自不同的计时系统，在特定情况下，技术代表应与跑和竞走项目裁判长一起，以最公平的方式决定哪些运动员晋级下一赛次。在有额外分道的情况下，首选使用额外分道的方式。

邀请赛

20.9　在举行世界排名比赛定义1.（d）和 2.（d）所述的比赛中，可以按照相关竞赛规程或组织者确定的其他方法，对运动员进行编排、排序和/或分道，但最好事先通知运动员本人或运动员的代理人。

在邀请赛中，如果只有"决赛"一轮，但有不止一场比赛，则应按照适用于该比赛或其系列赛的任何规程来安排各场比赛。如果没有相关规程，则通常由组委会或应技术代表的要求将运动员分配到各种"比赛"中。

在决定此种比赛中运动员的最终排名时，应考虑类似的因素。在一些比赛中，除主赛外的其他比赛将不用于决定比赛的排名，但是在另外一些比赛中，多场比赛的成绩将被综合以决定整体排名。强烈建议，不管比赛使用何种方式，都要提前通知参赛运动员，因为这将影响奖金和其他一些因素。

赛次间最短间隔时间

20.10　如有可能，在任一赛次的最后一组和后续赛次的第一组或决赛之间，必须留出的最短间隔时间为：

200米及以下各项目为45分钟。

200米以上至1000米各项目为90分钟。

1000米以上各项目不在同一天举行。

21. 成绩相等（并列）

21.1 如果裁判员或终点摄影裁判员根据技术规则18.2条、19.17条、19.21条或19.26条（可能适用）无法区分运动员的排名，则可以判定成绩相等。

成绩相等涉及排位顺序（根据技术规则20.3.2条）

21.2 如果运动员成绩相等涉及技术规则20.3.2条所述排名位置，终点摄影主裁判应考虑有关运动员的0.001秒的实际时间，如果成绩仍相等，将抽签确定较高的排名位置。

成绩相等涉及以名次决定最后一个录取资格

21.3 在应用技术规则21.1条后，成绩相等且涉及以名次决定最后一个录取资格时，如果仍有道次或起跑位置可用（包括800米比赛共享分道），成绩相等的运动员都进入下一赛次。如果实际条件不允许，将通过抽签决定进入下一赛次的运动员。

21.4 如果录取下一赛次的运动员是基于名次和成绩（例如，两组中每组的前3名，加上接下来成绩最快的2名），在以名次决定下一赛次最后一个晋级资格出现成绩相等时，将按名次录取，名次相等时应减少以成绩录取的人数。

成绩相等涉及以时间决定最后一个录取资格

21.5　如果出现最后一名在时间上成绩相等，则终点摄影主裁判要考虑运动员们被记录的0.001秒的实际时间，如果时间相同，将判定为成绩相等。如果跑道或起跑位置可用（包括800米比赛共享跑道），成绩相等的运动员都进入下一赛次。如果实际条件不允许，将通过抽签决定进入下一赛次的运动员。

22.　跨栏跑

22.1　标准比赛距离：

成年男子、青年男子（U20）和少年男子（U18）：110米、400米。

成年女子、青年女子（U20）和少年女子（U18）：100米、400米。

每条分道按下表设置10个栏架，各项目栏架设置（技术规则22条图）如下：

成年男子、青年男子（U20）和少年男子（U18）

全程距离	起点至第一栏	栏间距离	最后一栏至终点
110米	13.72米	9.14米	14.02米
400米	45.00米	35.00米	40.00米

成年女子、青年女子（U20）和少年女子（U18）

全程距离	起点至第一栏	栏间距离	最后一栏至终点
100米	13.00米	8.50米	10.50米
400米	45.00米	35.00米	40.00米

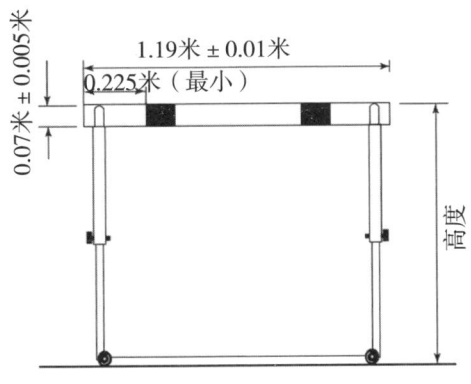

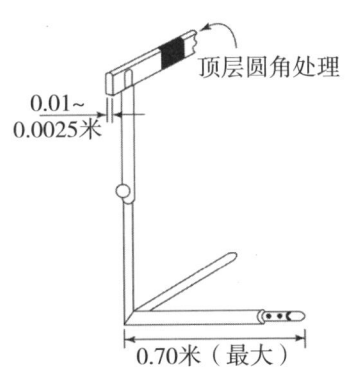

技术规则22条图　栏架

放置在跑道上的栏架底座的支架指向运动员的跑来方向。放置栏架时，顶部栏板靠近运动员一侧的垂直面要与最靠近运动员的跑道上（放置栏架的）的标记重合。

（即摆放栏架时，顶部栏板后沿要与跑道上栏架标记后沿对齐）。

22.2　栏架应用金属或其他适合的材料制成，栏顶横木系木料或其他非金属材料。栏架应包括两个底座支架和用一条或数条横木加固的、用以支撑长方形框架的两根立柱，立柱固定于底座的末端。在横木顶端中央至少要在水平方向施加3.6千克的力才能使栏架翻倒，栏架的设计方为合格。栏架高度可按不同项目进行调整，并按栏架的不同高度调整栏架配重，使各种高度的栏架均需3.6千克最多不超过4千克的力方可被推倒。

当栏板中心受到相当于10千克的外力时，栏板的最大水平偏移（包括立柱的偏移）不应超过35毫米。

22.3　栏架规格——栏架的标准高度如下：

全程距离	成年男子	青年男子	少年男子	成年女子/ 青年女子	少年女子
110米/100米	1.067米	0.991米	0.914米	0.838米	0.762米
400米	0.914米	0.914米	0.838米	0.762米	0.762米

注：由于制造的差异，青年男子（U20）110米栏架高度最高为1.000米。

制作栏架时，栏架高度的允许误差为 ± 3毫米。栏架宽度可为1.18 ~ 1.20米。栏架底座最长为0.70米。栏架总重量不得少于10千克。

22.4 栏顶横木高70毫米 ± 5毫米，厚10 ~ 25毫米，上边沿应圆滑，两端应固定在支架上。

22.5 栏顶横木应漆成黑白相间的颜色，或涂以其他强烈醒目的对比颜色（要与周围环境的颜色区分开）。位于两端的浅色条纹宽度至少为0.225米。须是所有视力正常运动员可见的颜色。

22.6 所有跨栏跑项目均为分道跑，运动员应自始至终在各自分道内跨越每个栏架完成比赛，未能做到将导致取消比赛资格，但是技术规则17.3条提及的情形除外。

此外，运动员如果有下列情况将被取消比赛资格：

22.6.1 在过栏瞬间，其脚或腿在栏架两侧以外（任意一边），且低于栏顶的水平面；或

22.6.2 用手、身体或摆动腿的正面部分撞倒或移动了栏架；或

22.6.3 直接或间接地碰倒或移动了自己分道上或其他分道上的栏架，使比赛

进行中的其他运动员受到影响或阻碍了其他运动员跑进，和/或同时违反了其他的规则。

只要遵守了本规则，栏架位置没有被移动或栏架高度没有任何方式的降低（降低包括在任何方向上的倾斜），运动员可以用任何方式跨越栏架。

只要遵循了技术规则17.1条和17.3条意图的规定，跨越每个栏架的要求不应解读为运动员需要跨越自己分道内的栏架。但如果当一名运动员碰倒或者移动其他分道上的栏架而影响其他运动员跑进时，该运动员要被取消比赛资格。

应使用符合逻辑的方式解释一名运动员碰倒或移动其他分道栏架的情况。例如，当一名运动员撞倒或者移动了其他分道栏架，而该分道中的运动员已经跨越此栏架，那么不应该取消该运动员的比赛资格，除非他违反了其他规则。例如，在弯道上移动到内侧分道，或他的脚或腿在栏架两侧外（任意一边），且低于栏顶横木的水平面。此条规则在于解释清楚在何种情况下运动员将被取消比赛资格。

因此，裁判长和检查裁判员必须注意，并确定每名运动员在各自分道内行进。此外，在跨栏比赛中，运动员在跨越栏架时摆臂幅度经常会很大，导致击打或者干扰到其他分道的运动员。这种情况通常会被检查裁判员和正对跑道的摄像机发现。在此种情况下，将执行技术规则17.1条。

技术规则22.6.1条适用于运动员的"摆动腿"和"起跨腿"。

"碰倒栏架"不一定会导致取消运动员的比赛资格。规则中先前提到的故意撞倒栏架的条款已被删除。在技术规则22.6.2条的规定下，裁判长可考虑更多的客观因素。如果他们"跑过"栏架，最明显的例子是运动员们用手推，但也可能用胸口推。"摆动腿的正面部分"意思是摆动腿的正面的任何一部分，从大腿上部到脚尖，即整条腿的前部。

关于注释中的情况，主要发生在低水平的比赛中，但仍适用于所有比赛。从本质上讲，运动员已经摔倒或者失去栏间节奏时，允许运动员将手放于栏架上，"爬越"过去。

22.7 除技术规则22.6.2条和22.6.3条所述的情形外，运动员碰倒栏架，不应被取消比赛资格，也不妨碍承认其创造的纪录。

23. 障碍跑

23.1 障碍跑的标准比赛距离为2000米和3000米。

23.2 3000米障碍跑项目，运动员须跨越28次栏架和7次水池。从起跑到第一个整圈的开始无须跨越任何障碍栏架，直到运动员进入第一圈，那些栏架才会被摆放到跑道上。

23.3 2000米障碍跑项目，运动员须跨越18次栏架和5次水池。第一个要跨越的栏架是整圈中的第三个障碍栏架。之前的两个障碍栏架须移开跑道，直至运动员第一次通过后才会被摆放到跑道上。

注：2000米障碍跑，如水池设在跑道内，则在通过终点两次后，每个整圈设5个障碍。

23.4 障碍跑项目，每个整圈须设有5个障碍，水池栏架为第四个障碍。障碍应均匀分布，各障碍之间的距离须约为1圈标准长度的1/5。

注：为了保证在终点线前后保持安全距离，栏架之间、起点至栏架的安全距离，可以根据《世界田联场地设施手册》对各自的间距作适当调整。

23.5 障碍架高度，成年男子和青年男子（U20）为0.914米±0.003米；少年男子（U18）为0.838米±0.003米；成年女子、青年女子（U20）、少年女子（U18）为0.762米±0.003米。障碍栏架宽度至少为3.94米。

所有栏架顶端横木的横截面为 0.127米×0.003米。

栏架重量应为80～100千克。栏架两边各装有一个底座支架，其长度为1.20～1.40米。

［技术规则23条图（a）］

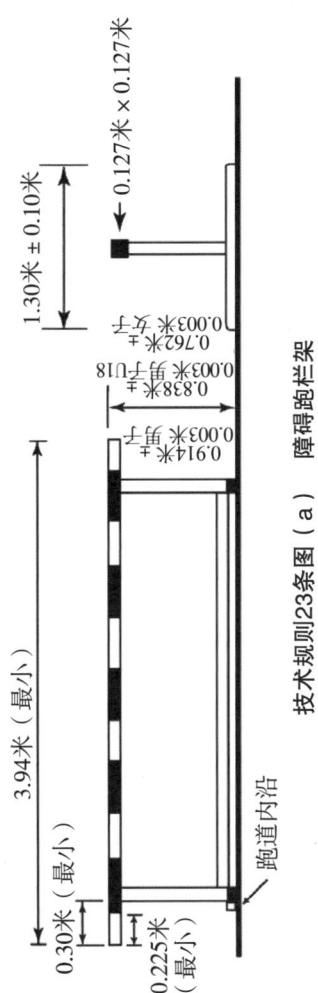

技术规则23条图（a） 障碍跑栏架

水池边栏架的宽度应为3.66米±0.02米，应牢固地固定于水池的混凝土地面，栏架不能有任何水平方向的移动。

障碍栏架的顶端横木应用木料或其他适宜的材料制成，并漆成黑白相间的条纹，或其他具有强烈对比的颜色（要与周围颜色区分开），横木两端为浅色条纹，宽度至少为0.225米，如此上色是为了具有不同视觉能力的运动员都能看见障碍栏架。

放置障碍栏架时，应使顶端横木的一端伸入跑道内沿以内最少0.30米。

注：建议比赛中第一个障碍栏架的宽度至少为5米。

23.6 水池，包括水池边栏架，长度须为3.66米±0.02米，水池宽度须为3.66米±0.02米。

水池底部应铺设有足够厚度的人工合成材料或垫子，保证运动员落地安全，并使鞋钉能抓牢地面。靠近障碍架一侧大约1.20米范围的池底深为0.50米±0.05米。从此处起，水池底部的均匀向上倾斜度为12.4°±1°，直至与跑道水平面齐平。在比赛开始阶段，水面应与跑道水平面齐平，最多不能低于跑道20毫米。［技术规则23条图（b）］

注：2018—2019年度的水池规格依然适用。

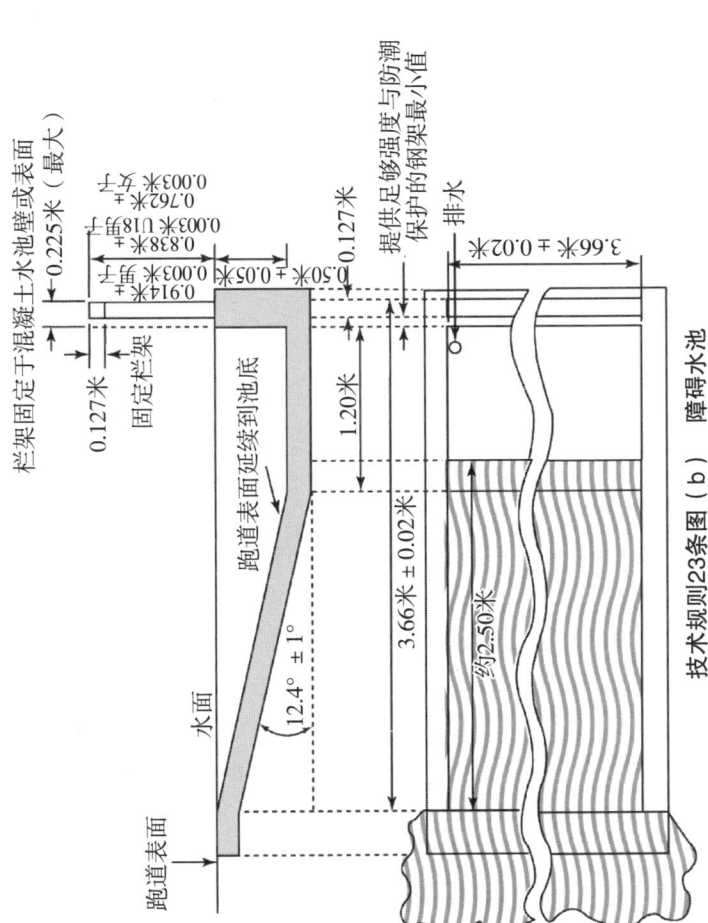

技术规则23条图（b） 障碍水池

23.7 运动员必须越过或通过水面，并且跨越每一个障碍栏架，否则将被取消比赛资格。

此外，出现下列情况也将被取消比赛资格：

23.7.1 踏上水池两边的任意一边；或

23.7.2 在过栏瞬间，其脚或腿在障碍栏架侧面以外（任意一边），且低于栏顶水平面。

只要遵守本规则规定，运动员可以用任何方式跨越栏架。

24. 接力跑

24.1 标准比赛距离应为：4×100米、4×200米、100米—200米—300米—400米异程接力、4×400米、4×800米、1200米—400米—800米—1600米长距离异程接力、4×1500米。

注：异程接力赛各棒次可以不同的顺序进行比赛，在此种情况下，技术规则24.3条、24.14条和24.20条的适用应当有适当的调整。

24.2 应在分道线上画出宽50毫米的横线，标明各棒次之间的距离和接力区标志线。

24.3 在4×100米、4×200米及异程接力的第一、第二次交接棒中，各接力区的长度为30米，标志线位于距接力区开始分界线20米处。在异程接力的第三次交接棒和4×400米及更长距离的接力中，每个接力区的长度为20米，标志线位于接力区的中间。接力区的开始和结束都从接力区分界线跑进方向的后沿算起。在每次分道的交接棒过程中，专门指定1名检查裁判员以确保运动员处于各自接力区内的正确位置。这名指定的检查裁判员应确保技术规则24.4条的执行。

检查裁判员必须确保每个接力队的每名运动员站在正确的道次和位置。助理发令员负责安排第一棒运动员的位置，并确保每名运动员都分配到接力棒。他们也可能被指派到起点线附近的接力区协助观察随后完成的交接棒情况。每个接力区的检查主裁判和他们安排的每个检查裁判员将负责安排后继棒次运动员的位置。当每名运动员被安排好各自位置后，检查主裁判将通过事先确定好的通信方式通知其他相关裁判，通常在大赛中使用对讲机进行通信。

他们必须确保在每次交接棒过程中，在交接棒启动开始前，接棒运动员的脚要完全位于接力区内。交接棒的启动不能从接力区外开始。

24.4　当接力的全程或第一棒为分道跑时，运动员可在自己的分道内用胶布做一个标记，其最大尺寸为0.05米×0.40米，颜色应明显区别于跑道上的永久性标记。不得使用任何其他的标志物。检查裁判员须指导运动员根据规则使用标记，并移除不符合规则的标志物。如果他们不执行，检查裁判员须移除不符合规则要求的标志物。

注：情况严重的可根据技术规则7.1条和7.3条处理。

24.5 在体育场内举行的所有接力跑比赛必须使用接力棒，运动员必须手持接力棒跑完全程。至少在举办世界排名比赛定义1.（a）（b）（c）和2.（a）（b）所述的比赛中，每支接力棒必须有编号和不同的颜色，还可包括计时传感器。

接力棒应为光滑的中空圆管，外表平滑，由木料、金属或其他适宜的坚固无缝材料制成，长度为0.28～0.30米。外边框直径为40毫米±2毫米，重量不少于50克。接力棒应涂上颜色，以便在比赛中明显可见。

不允许运动员戴手套或者在手或接力棒上放置某种材料（除技术规则6.4.3条允许的外）或物质以便更好地抓握接力棒。

如果运动员不遵守此规则，其所在接力队将被取消比赛资格。

注：如果可能，每个分道或出发位置的接力棒颜色应在检录单上标出。

24.6 如发生掉棒，必须由掉棒运动员拾起。允许掉棒运动员离开自己的分道拾棒，但不得因此缩短比赛距离。此外，接力棒掉在跑道两侧或跑进方向的前面时（包括越过终点线），掉棒的运动员在拾回棒后，必须至少回到他最后手持棒的位置并继续跑进。如果遵守上述程序，且没有阻碍到其他运动员，不得因掉棒取消比赛资格。

如果运动员没有遵守此条规则，则他所属的接力队将被取消比赛资格。

24.7　接力棒必须在接力区内完成交接。接力棒的交接从接力棒初次触及接棒运动员开始，到完全由接棒运动员手持才算完成。仅以接力棒的位置决定是否在接力区内完成接力。在接力区外完成交接将被取消比赛资格。发生相关情况要适用技术规则17.3.2条。

当运动员在交接棒过程中，在没有获得实质利益的情况下跑出自己分道的接力区，且阻碍了其他运动员时，可适用技术规则17.3.2条。

在决定接力棒的位置时，要考虑整个接力棒的位置。

检查裁判员必须确保他们能够观察到接棒运动员在接力棒进入接力区之前与接力棒的任何接触。如果接棒运动员在接力棒进入接力区之前接触到接力棒，该运动员所在接力队将被判取消比赛资格。他们还必须确保，在接力棒"离开"接力区之前，接力棒只在接棒运动员手中。

24.8　直到接力棒完全在接棒运动员手上的瞬间，技术规则17.3条只适用于交棒运动员，之后该规则只适用于接棒运动员。

此外，运动员在接棒之前和（或）交棒之后，应留在各自分道或保持位置直到跑道畅通，以免阻挡其他运动员。技术规则17.2

条和17.3条不适用于这些运动员。如果运动员阻碍了其他接力队的运动员，包括跑离所在位置或跑出分道，则按技术规则17.1条处理。

24.9　在比赛过程中，如果运动员手持或捡拾到其他接力队的接力棒，该运动员所属接力队将被取消比赛资格。其他接力队不应受罚，除非从中获得利益。

24.10　接力队的每名运动员只能参加接力赛的其中一棒。参加接力跑比赛任何赛次的4名运动员，可以是报名参加其他项目比赛的任何运动员。然而，一旦开始比赛，每队最多允许有4名替补队员参加比赛。如果违反此规定，将取消该队比赛资格。

24.11　接力队的成员组成和各棒顺序，必须在公布的每一赛次比赛各自组别检录开始时间（运动员必须到检录处报到的时间）之前正式申报。接力队必须按正式申报名单和各棒次顺序参加比赛。如不遵守此规则，将取消比赛资格。

24.12　4×100米接力比赛，应为全程分道跑。

24.13　4×200米接力比赛，可以采用以下任何一种方法进行：

　　24.13.1　如有可能，应为全程分道跑（4个弯道均为分道跑）。

24.13.2　前两棒是分道跑，第三棒运动员分道跑越过技术规则17.5条所述的抢道线后沿以后，可离开自己的分道（3个弯道为分道跑）。

24.13.3　第一棒运动员分道跑越过技术规则17.5条所述的抢道线后沿以后，可离开自己的分道（1个弯道为分道跑）。

注：如果参赛队不多于4队，且没有条件选用本规则24.13.1条，建议按本规则24.13.3条进行比赛。

24.14　异程接力比赛，前两棒是分道跑，第三棒运动员越过技术规则17.5条所述的抢道线后沿以后，可离开自己的分道（2个弯道为分道跑）。

24.15　4×400米接力比赛，可以用以下的任何一种方法跑进：

24.15.1　第一棒是分道跑，第二棒运动员越过技术规则17.5条所述的抢道线后沿以后，可离开自己的分道（3个弯道为分道跑）；

24.15.2　第一棒运动员越过技术规则17.5条所述的抢道线后沿以后，可离开自己的分道（1个弯道为分道跑）。

注：如果参赛队不多于4队，建议使用技术

规则24.15.2条所述方式进行比赛。

24.16 4×800米接力比赛，可以用以下的任何一种方法跑进：

24.16.1 第一棒运动员越过技术规则17.5条所述的抢道线后沿以后，可离开自己的分道（1个弯道为分道跑）。

24.16.2 不使用分道。

24.17 如果运动员不遵守技术规则24.13条、24.14条、24.15条或24.16.1条，该运动员所在的接力队将被取消比赛资格。

24.18 长距离异程接力及4×1500米接力比赛，采用不分道方法跑进。

24.19 运动员不允许在接力区以外起跑，必须从接力区内起跑。如果运动员不遵守本规则，该运动员所在的接力队将被取消比赛资格。

24.20 异程接力最后一棒运动员和4×400米比赛的第三、第四棒（或依据技术规则24.15.2条，则为第二棒）运动员应在指定裁判员的指挥下，按照同队交棒运动员进入最后一个弯道时的先后顺序（由内向外）排列各自的接棒位置。一旦交棒运动员跑过该点，接棒运动员须保持其排列顺序，不能改变其在接力区开始处的位置。如果运动员不遵守本规定，其所在的接力队将被取消比赛资格。

> *注：4×200米接力比赛（如不是全程分道跑*
> *时），若前一棒为不分道跑，运动员将按照*
> *检录单的顺序排列（由内向外）。*

24.21　在不分道的接力比赛中，如适用，也包括
4×200米、异程接力和4×400米等项目，接
棒运动员在同队交棒队员即将到达时，可移
向跑道内侧的位置接棒，但不得冲撞、阻挡
其他运动员以致妨碍其跑进。在4×200米、
异程接力和4×400米比赛中，接棒运动员须
根据技术规则24.20条的规定保持他们的顺
序。如果运动员没有遵守本规则，其所在的
接力队将被取消比赛资格。

24.22　凡本规则未涉及的接力项目，在竞赛规程中
应给出特定的规则以及执行（比赛）方案。

检查主裁判和检查裁判员必须在被分配的接力区
内。当运动员被正确地安排在各自分道上，且比赛
已经开始，接力区检查主裁判和检查裁判员将负责
报告涉及以上规则的任何犯规情况，特别是技术规
则17条中提及的犯规情况。

第三部分　田赛项目

25.　田赛项目通则

在比赛区域的试跳（掷）练习

25.1　比赛开始前，每名运动员均可在比赛区域进行试跳（掷）练习。但是，投掷项目试掷练习应始终在裁判员的监控下，按抽签排定的顺序进行。

过去的规则曾明确要求投掷项目每个运动员有2次练习机会，然而现在没有具体要求。技术规则25.1条应该被理解为运动员可以在允许的热身时间内进行任意次数的练习。通常在大型赛事中，标准的练习次数为2次，这也被作为最少的练习次数要求。如果热身时间充足，部分或全部运动员要求额外的练习，也应该被允许。

25.2　一旦比赛开始，运动员不得以练习为目的使用下列场地设施和器械：

25.2.1　助跑道或起跳区；

25.2.2　撑竿；

25.2.3　各种投掷器械；

25.2.4　无论徒手或持器械使用投掷圈、助跑道或落地区内地面。

但是，任何时候都禁止在投掷圈或助跑道以

外使用器械。

关于该条规则的应用：如果运动员没有造成危险、延误或阻挡其他运动员或者影响其他人，则不应该阻止运动员触碰、准备或缠绕他的撑竿，或选择投掷器械用于准备他的试跳（掷）。特别重要的是，裁判员应合理解释本规则，以确保比赛以有效的方式进行，并且运动员能够在比赛开始后立即参加试跳（掷）。

标志物

25.3　标志物，具体如下：

25.3.1　使用助跑道的田赛项目，应沿助跑道两侧放置标志物，跳高助跑标志物可放置在助跑道上。每名运动员可放置 1~2 个标志物（由组织批准或提供），以帮助其助跑和起跳。如未提供此类标志物，运动员可使用胶布，但不得使用粉笔或任何不易去除痕迹的类似物质。

25.3.2　在投掷圈内比赛的投掷项目中，比赛中只允许运动员使用 1 个标志物，此标志物只能放置在投掷圈后方或紧靠投掷圈的地面上，但不能放置在任何线上或落地区内。仅限运动员在自己试掷期间临时放置，并且不能干扰裁判员的视线。落地区内及旁边不能放置任何个人标志物。

注：每个标志物只能由单一物体组成。

25.3.3　裁判员应指导相关运动员调整或移除不符合本条规则的标志物。如运动员不听从要求，裁判员将自行移除标志物。

注：严重情况下，可进一步按照技术规则7.1条和7.3条处理。

25.3.4　撑竿跳高项目，比赛组织者应在助跑道旁，距离"零线"2.5米至5米之间每间隔0.5米，以及在5米至18米之间每间隔1米处，放置适宜且安全的距离标记。

如果比赛场地湿滑，胶布可以用不同颜色的图钉固定在地上。

要求每个标志物都必须由单一物体组成，裁判长对此应有合理的解读。如果制作者运用两个部件连接成一个独立结构的标志物，则应该被允许使用。类似地，如果运动员将两个标志物放在一起，或在跳高比赛中运动员将胶布撕成1片或多片，并将其组合成一个不同形状、易于看清的标志物，这些情形也应该被允许。

技术规则25.3.4条是为了帮助运动员和他们的教练员确定起跳点的位置和助跑过程。对于标志物的构造或外观没有固定的概念——在每个特定比赛环境中，组织者和裁判长可以在规则允许的范围内，自由解释什么是可接受的且公平的标志物。

成绩标志和风标

25.4   成绩标志和风标，具体如下：

25.4.1   可放置明显的旗示或标志物以标明当前的世界纪录。如情况允许，还可放置当前地区、国家或赛会纪录标识。

25.4.2   在所有跳跃项目、铁饼和标枪比赛中，场地适宜的位置应放置1个或多个风标，以便向运动员显示大致的风向和风力。

比赛顺序和试跳（掷）

25.5   除运用技术规则25.6条或者适用的规程另有规定外，运动员应按抽签排定的顺序进行比赛。

如果运动员自行决定不按赛前确定的顺序进行试跳（掷），按技术规则7.1条和7.3条处理。如有警告，试跳（掷）的成绩（有效或失败）将维持不变。

如果举行及格赛，决赛要重新抽签决定比赛顺序。

25.6   除跳高和撑竿跳高项目外，在任何一轮比赛中，不允许记录运动员1次以上的试跳（掷）成绩。

除跳高和撑竿跳高外的其他田赛项目，如参

赛运动员人数多于8人，则每名运动员有3次试跳（掷）机会，有效成绩最优的前8名运动员可再有3次试跳（掷）机会。除非竞赛规程另有规定。

当涉及最后1个晋级决赛轮次名额时，如果2名或多名运动员的最优成绩相等，则按照技术规则25.22条处理。如果成绩仍然相等，成绩相等的运动员应被给予规程规定的额外试跳（掷）机会。

除非竞赛规程有规定，当运动员人数为8人或少于8人时，每人均有6次试跳（掷）机会。如果1名或多名运动员在前3轮试跳（掷）时未能取得有效成绩，则该运动员应在取得有效成绩的运动员之前进行后续轮次的试跳（掷）；若有多于1名运动员，则应按照原抽签的相对顺序进行比赛。

在两种情况中：

25.6.1　除相关竞赛规程规定外，前3轮试跳（掷）结束后，按运动员成绩进行排序，后续轮次试跳（掷）应按成绩排序的倒序进行；

25.6.2　当比赛顺序改变，出现任何排名成绩相等时，成绩相等的运动员的试跳（掷）应按原抽签顺序进行。

注（i）：高度跳跃项目见技术规则26.2条。

注（ii）：根据技术规则8.5条，如果裁判长允许1名或多名运动员"在抗议下"比赛，那么这些运动员后续轮次的试跳（掷）应排在其他继续比赛的运动员之前。如果他们超过1人，应按其原抽签的相对顺序进行比赛。

注（iii）：有关管理机构可在比赛规程中明确规定，运动员试跳（掷）的次数（不能超过6次）和前三轮试跳（掷）后每轮次晋级试跳（掷）的运动员人数。

注（iv）：有关管理机构可在比赛规程中明确规定，可以再次改变在第三轮试跳（掷）之后的任何轮次试跳（掷）的比赛顺序。

注（V）：在世界排名比赛定义1.（d）和2.（d）所述的比赛中，运动员可以根据比赛的适用规程或组织者确定的任何其他方法进行排序、排名和/或分配比赛顺序，但最好提前通知运动员及其代表。

运动员自行决定或根据竞赛规则6条决定退出某项比赛时，不得再参加该项目比赛，包括高度跳跃项目中的决名次跳，或在全能比赛中的某个单项。

在有8名以上运动员参加的田赛远度项目中，只有取得最好有效成绩的8名运动员才能进行后续的试跳（掷）。这要求运动员至少在前三次试跳（掷）中有一次有效成绩测量并被记录。如果少于8名运动员取得有效成绩，则只有取得有效成绩的运动员才被允许进行任何后续的试跳（掷），即使这将意味着只有不足8名运动员继续进行比赛。

记录试跳（掷）

25.7　除跳高和撑竿跳高项目外，每次有效试跳（掷）测量成绩应予以显示。

应使用标准的缩写及符号记录各种出现的情形，见竞赛规则25.4条。

试跳（掷）的完成

25.8　裁判员在试跳（掷）完成后才能举白旗表示试跳（掷）成功。如果裁判员认为自己举旗错误，可以重新作出判定。

一次成功的试跳（掷）应按以下规则判定：

25.8.1　在高度跳跃项目中，裁判员判定没有违反技术规则27.2条、28.2条或28.4条的规定。

25.8.2　在远度跳跃项目中，运动员按技术规则30.2条中的规定离开落地区。

25.8.3　在投掷项目中，运动员按技术规则32.17条的规定离开投掷圈或助跑道。

及格赛

25.9　在田赛项目中，如果参赛运动员人数较多而无法顺利地在1个赛次（决赛）完成比赛时，要举行及格赛。当举行及格赛时，所有运动员都应参加该赛次比赛，除非相关管理机构在1个或多个项目中，授权在同一场或者在1场或多场早先的比赛中进行额外的晋级赛次，以决定有权参加比赛的部分或全部运动员及参加哪个赛次的比赛。运动员获准参加比赛，以及获准进入比赛哪个赛次的程序和方法（例如，在特定时间内达到报名标准、在指定比赛中的名次或规定的排名情况），要在相关比赛的竞赛规程中说明。

及格赛或额外的晋级赛次中取得的成绩不能作为决赛成绩的一部分。

25.10　通常情况下，运动员应分为实力大致相当的两组或多组进行及格赛。如果可能，应将同一会员协会或代表队的运动员编排在不同的组。除非场地设施允许各组同时比赛，否则应在上一组比赛结束后，立即进行下一组的试跳（掷）练习。

25.11　如果比赛超过3天，建议在高度跳跃项目的及格赛与决赛之间安排1天休息。

25.12　晋级条件、及格标准和进入决赛的运动员人数须由技术代表决定，如果没有指派技术代表，则由组织者决定。举行世界排名比赛定义1.（a）（b）（c）和2.（a）（b）所述的比赛时，除非竞赛规程中有其他规定，应至少有12名运动员进入决赛。

注：适用的规程可以规定，如何由及格赛后排名紧接着的运动员填补因决赛退赛而产生的空缺位置。

25.13　在及格赛中，除跳高和撑竿跳高外，每名运动员最多有3次试跳（掷）机会。一旦运动员达到及格标准，不得继续参加及格赛。

25.14　在跳高和撑竿跳高及格赛中，运动员如果没有因连续3次试跳失败而被淘汰，则要根据技术规则26.2条（包括免跳）的规定继续比赛，直至及格高度上的最后一次试跳结束，除非根据技术规则25.12条的规定进入决赛的人数达到要求。一旦运动员确定将进入决赛，则不得继续参加及格赛。

25.15　如果运动员均未达到事先制定的及格标准或达标人数少于规定人数，则应根据运动员在及格赛中的成绩，补齐进入决赛的人数。在及格赛中决定最后一个进入决赛的名额时，如果2名或更多运动员最好成绩相等，应根据技术规则25.22条或26.8条的有关规定处理。如果运动员的成绩仍相等，那么成绩相等的运动员都进入决赛。

25.16　当跳高或撑竿跳高分两组同时进行及格赛时，建议两组同时提升横杆高度。

重要的是，在编排跳高和撑竿跳高及格赛分组时，应该遵守技术规则25.10条的规定。技术代表、裁判长必须密切关注跳高和撑竿跳高及格赛的比赛进程，一方面，直至横杆升到及格标准高度之前（除非符合技术规则25.12条的规定达到决赛人数），如果运动员没有因技术规则26.2条被淘汰，就必须试跳（或显示他们免跳）；另一方面，上述两组及格赛的总体排名中运动员的任何名次并列，应依据技术规则26.8条处理。还需密切关注技术规则25.14条的执行，不论其他继续参加及格赛的运动员情况如何，要确保进入决赛的运动员不再继续参加没有必要的比赛。

试跳（掷）时限

25.17　　相关裁判员须向运动员显示一切准备就绪可以试跳（掷），本次试跳（掷）时限开始计算。

在撑竿跳高中，时限从横杆按照运动员先前的意愿调整后开始计算。

如果时限结束时，运动员已经开始试跳（掷），应允许其比赛。

如果时限开始计算，运动员决定不进行试跳（掷），一旦时限结束，将视为试跳（掷）失败。

下列时限不得超过，如果超过时限，除了根据技术规则25.18条作出的决定，该试跳（掷）将记录为失败：

个人项目

剩余参加比赛的运动员人数	跳高	撑竿跳高	其他项目
多于3名运动员［或每名运动员全赛的第一次试跳（掷）］	1分钟	1分钟	1分钟
2名或3名运动员	1.5分钟	2分钟	1分钟
1名运动员	3分钟	5分钟	—

全能项目

剩余参加比赛的运动员人数	跳高	撑竿跳高	其他项目
多于3名运动员［或每名运动员全赛的第一次试跳（掷）］	1分钟	1分钟	1分钟
2名或3名运动员	1.5分钟	2分钟	1分钟
1名运动员	2分钟	3分钟	—

连续试跳（掷）

	跳高	撑竿跳高	其他项目
连续试跳（掷）	2分钟	3分钟	2分钟

注（ⅰ）：应设置向运动员显示试跳（掷）剩余时限的时钟。此外，一名裁判员在时限尚余15秒的时间内应持续举起黄旗。替代的视觉信号也可被批准。

注（ⅱ）：在跳高和撑竿跳高比赛中，除连续试跳，直到横杆被放到一个新的高度，不允许改变试跳的时限。在田赛的其他项目

中，除了连续试跳（掷）的时限可以改变，其他的时限不得改变。

注（ⅲ）：当计算仍在参赛的运动员人数时，应包括那些因成绩相等而要参加争夺第一名的决名次跳的运动员。

注（ⅳ）：在跳高和撑竿跳高比赛中，只剩下1名运动员（他已赢得比赛），他尝试破世界纪录或相关比赛纪录时，时限在上述基础上增加1分钟。

注（ⅴ）：在高度跳跃项目中，剩余运动员人数以横杆升至新高度时为准。

注（ⅵ）：连续试跳（掷）的时限适用于任何连续的试跳（掷），无论是在同一轮重新试跳（掷）、高度跳跃项目的相同高度或后继高度，还是在一轮比赛结束后改变顺序的试跳（掷）。如果连续试跳（掷）时限超过了根据剩余参赛运动员人数计算出的允许试跳（掷）时限，则将适用连续试跳（掷）时限。但是，如果根据剩余参加比赛的运动员人数计算，运动员有权获得更长的时限，则将适用这一更长的时限。

当试跳（掷）时限为1分钟时，裁判员有必要运用某种系统通知或提示下一名运动员准备试跳（掷）并告知随后比赛的运动员。在通知运动员试跳（掷）前，相关裁判员必须确保比赛场地准备完毕后再开始启动计时钟。裁判员，特别是裁判长，必须充分了解当前的比赛环境，包括指导项目展示，决定何时启动计时钟或因"时间结束"而记录为失败。

运动员是否能在跳高和标枪的助跑道进行试跳（掷）（当比赛区域同时进行跑或竞走项目时），以及链球和铁饼运动员要绕过护笼走到投掷圈内进行试掷所需走过的距离，这些特殊情况应该予以考虑。

重新试跳（掷）

25.18 如果由于不可控的原因，妨碍了运动员并导致不能完成试跳（掷）或成绩不能被正确记录，相关裁判长有权给予运动员一次重新试跳（掷）机会，或重新设置部分或全部的时限。

  运动员试跳（掷）顺序不得改变。根据赛场的具体情况，确定合理的重新试跳（掷）时间。当给予重新试跳（掷）时之前的比赛已在进行，在后续试跳（掷）开始之前应首先进行重新试跳（掷）。

有数种情形需要给予运动员重新试跳（掷）的机会，包括程序或技术上的问题导致某次成绩没测量或无法重新进行精确的测量。应运用良好的设备系统或某种形式的备份避免这样的情形，随着越来越多技术的应用，应该对可能发生的错误做好预案和准备。由于在比赛中不允许改变顺序（除非在比赛进行过程中问题没有及时发现，并已继续比赛），相关裁判长要根据每个特定案例的具体情况决定给予重新试跳（掷）所需的时间。

比赛中缺席

25.19 在比赛过程中，运动员不得离开相应比赛的场地，除非得到许可并由裁判员陪同。如果可能，第一次出现将予以警告，对于再次出现或情况严重的运动员将会被取消比赛资格。如果一名运动员没有参加某次特定的试跳（掷），则在相应的时限结束后，被视为失败。

变更比赛场地或时间

25.20 技术代表或有关裁判长如认为情况需要，有权变更比赛场地或时间。此类变更应在一轮试跳（掷）结束之后进行。

注：不得因风力和风向的变化而变更比赛场地或比赛时间。

用"试跳（掷）的轮次"代替"赛次"，目的在于明确田赛项目比赛中"试跳（掷）的轮次"与"比赛的赛次"（如及格赛或决赛）的区别。

如果无法在更改地点和时间之前结束某一轮次的试跳（掷），技术代表（通过裁判长）或裁判长通常应宣布该轮已完成的试跳（掷）无效（始终取决于对中断时试跳条件和结果的评估），并重新开始该轮次的比赛。另请参看技术规则11.4条。

成绩

25.21 每名运动员的成绩，取其所有试跳（掷）

中最优成绩，包括跳高和撑竿跳高比赛中因成绩相等决定第一名的决名次跳中取得的成绩。

成绩相等

25.22 除了跳高和撑竿跳高项目，如果成绩相等，应以其次优成绩判定名次。如次优成绩仍相等，则以第三较优成绩判定，依次类推。按技术规则25.22条，如成绩依然相等，应判定运动员的比赛名次并列。

除高度跳跃项目外，无论任何名次，包括第一名，成绩相等运动员的名次应并列。

注：高度跳跃项目见技术规则26.8条和26.9条。

高度跳跃项目

26. 高度跳跃项目通则

26.1 比赛开始前，裁判长或主裁判应向运动员宣布起跳高度和每轮试跳结束后横杆的提升高度，直至比赛中只剩下一名已获胜的运动员或存在并列第一名的情形（全能项目比赛见技术规则39.8.4条）。

试跳

26.2 运动员可以在裁判长或主裁判事先宣布的横杆升高计划中的任何一个高度上开始试跳，也可在后续任何一个高度上根据自己的意愿决定是否试跳。只要运动员连续3次试跳失败，不管发生在任何高度，即失去继续比赛的资格，涉及第一名成绩相等的情况除外。

允许运动员在某一高度上第一次或第二次试跳失败后，在其第二次或第三次试跳时请求免跳，并在后续的高度上继续试跳。

运动员在某一高度上请求免跳后，不得在该高度上恢复试跳，除非出现第一名成绩相等进行决名次跳的情况。

在跳高和撑竿跳高比赛中，如果1名或多名运动员在其他运动员完成比赛后仍未出现，在又一次试跳时限结束后，相关裁判长应视该运动员（们）已放弃比赛。

虽然技术规则26.2条规定，如果运动员被认为是在某高度的试跳中免跳，那么运动员不可在高度跳跃项目中任何同一高度进行第二、三次试跳，但是建议在低水平的比赛中，如儿童或者学校运动会上，可对竞赛规程进行调整，允许运动员在这种情况下选择进行第二、三次试跳。

26.3　即使所有其他运动员均已失败，1名运动员仍有资格继续试跳，直至他放弃继续比赛的权益。

26.4　除非比赛中只剩下1名运动员，并且他已获得该项目比赛的冠军：

26.4.1　每轮次试跳结束后，跳高项目的横

杆升高不得少于2厘米，撑竿跳高项目的横杆升高不得少于5厘米；并且

26.4.2 横杆升高的幅度不得增大。

技术规则26.4.1条和26.4.2条不适用于仍在试跳的所有运动员都同意将横杆直接升到世界纪录（或其他相关比赛的纪录）高度的情形。

当某运动员已在比赛中获胜，经与相关裁判员或裁判长协商，由该运动员决定横杆提升的高度。

注：此规定不适用于全能比赛项目。

高度测量

26.5 所有高度跳跃项目的测量均应以整数厘米为单位，从地面垂直量至横杆上沿最低点。

26.6 每次升高横杆，在运动员试跳之前，均应测量横杆高度。如果更换横杆，应重新测量横杆高度。当横杆放置在纪录高度时，有关裁判员必须进行复核测量。如果自上一次测量纪录高度后，横杆又被触及，在后续纪录高度试跳之前，裁判员必须再次测量横杆高度。

横杆

26.7 横杆应用玻璃纤维或其他适宜材料制成，不得使用金属材料。除两端外，横杆的横截面

呈圆形。横杆应被涂上颜色便于不同视力水平的运动员都能够看清楚。跳高横杆全长为4.00米 ± 0.02米，撑竿跳高横杆全长为4.50米 ± 0.02米。跳高横杆最大重量为2千克，撑竿跳高横杆最大重量为2.25千克。横杆圆形部分直径为30毫米 ± 1毫米。（技术规则26条图）

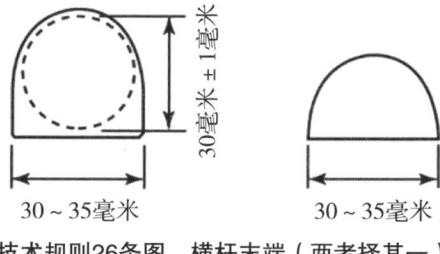

30 ~ 35毫米   30 ~ 35毫米

技术规则26条图　横杆末端（两者择其一）

横杆应由3部分组成，即圆形杆体和两端。为便于放置在横杆托上，横杆两端应宽30 ~ 35毫米，长0.15 ~ 0.20米。

横杆两端横切面应呈圆形或半圆形，并有明确规定的平面放置在横杆托上。这个平面不能高于横杆垂直断面的中心，并要坚硬和平滑。横杆两端不得包裹橡胶或任何能增大与横杆托之间摩擦力的物质。

横杆应无倾斜，放在横杆托上时，跳高横杆最多下垂20毫米，撑竿跳高横杆最多下垂30毫米。

横杆的弹性检查：放置横杆后，在横杆中央悬挂3千克的重物，跳高横杆最多下垂70毫米，撑竿跳高横杆最多下垂0.11米。

决定名次

26.8 如果2名或者2名以上运动员最后跳过的高度相同，将按以下程序决定名次：

26.8.1 在最后跳过的高度上，试跳次数较少者名次列前。

26.8.2 应用技术规则26.8.1条后，如成绩仍然相等，则在包括最后跳过的高度在内的全部比赛中，试跳失败总次数较少者名次列前。

26.8.3 应用技术规则26.8.2条后，如成绩仍相等，但不涉及第一名时，则运动员的名次并列。

26.8.4 如涉及第一名时，将按技术规则26.9条的规定，在成绩相等的运动员间进行决名次跳，除非根据比赛前制定的竞赛规程作出决定，或者在赛事中该项比赛开始前由技术代表或裁判长作出决定（如没有指派技术代表，则由裁判长进行）。如果不进行决名次跳，保留并列第一名，包括相关运动员在比赛的任何阶段决定不再继续进行试跳。

> 注：技术26.8.4条规则不适用于全能项目。

以下为可以取消或中止决名次跳的几种情况：

a. 赛前的竞赛规程中有明确的规定；

b. 比赛中技术代表（未设技术代表时由裁判长）的决定；

c. 运动员在决名次跳之前或决名次跳过程中的任何阶段决定不再继续试跳。

虽然可能是因为赛场的环境和条件不适宜执行或继续进行决名次跳，但是技术代表或裁判长应该在该项目比赛开始前提出不执行决名次跳的决定。裁判长应按竞赛规则18条和技术规则25条的规定处理该问题。需要强调的是，运动员可在决名次跳之前或决名次跳过程中的任何阶段作出不再继续试跳的决定。

决名次跳

26.9　决名次跳，具体如下：

26.9.1　相关运动员必须在每个高度进行试跳，直到决出名次，或者所有相关运动员决定不再继续试跳。

26.9.2　每名运动员在每个高度上只有一次试跳机会。

26.9.3　运动员应在技术规则26.1条规定的最后越过高度的下一高度上开始进行决名次跳。

26.9.4 如果未能决出名次，多于1名相关的运动员试跳成功则横杆要被提升，或者他们都试跳失败则横杆要降低，横杆每次升降高度：跳高为2厘米，撑竿跳高为5厘米。

26.9.5 如果一名运动员在某一高度上不进行试跳，他将自动失去争夺更高名次的资格。如果比赛中还剩下1名运动员，不管他是否试跳这一高度，他都将获得胜利。

跳高案例

比赛开始时，主裁判宣布横杆升高计划：1.75米，1.80米，1.84米，1.88米，1.91米，1.94米，1.97米，1.99米……

运动员	跳跃高度							失败次数	决名次跳			名次
	1.75米	1.80米	1.84米	1.88米	1.91米	1.94米	1.97米		1.91米	1.89米	1.91米	
A	○	×○	○	×○	×–	××		2	×	○	×	2
B	–	×○	–	×○	–	–	×××	2	×	○	○	1
C	–	○	×○	×○	×××			2	×	×		3
D	–	×○	×○	×○	×××			3				4

"A""B""C"和"D"都跳过1.88米。

适用技术规则26.8条和26.9条，4名运动员最后跳过的高度的试跳次数相同。这样一来，有关裁判员计算从起跳至最后跳过的高度（如1.88米）在内的每人失败的总次数。

"D"的试跳失败总次数比"A""B"或"C"多，因此获得第四名。"A""B"和"C"的名次依然相等，并涉及第一名。由于1.91米是他们最后跳过高度的下一高度，因此从1.91米开始进行决名次跳。

由于所有的运动员都未跳过，横杆降至1.89米，进行第二次决名次跳，由于只有"C"未跳过1.89米，另外两个运动员"A"和"B"需要在1.91米的高度上进行第三次决名次跳。只有"B"跳过，因而成为获胜者。

如果某一运动员单方面决定退出决名次跳，则其他运动员（如仅剩1名）可根据技术规则26.9.5条被宣布获胜，该运动员没有必要继续进行适用高度的试跳。如果剩余运动员超过1名，这些运动员应继续进行决名次跳。退出决名次跳的运动员将按照其当时的完成名次进行排名，因为他们已失去了与其余运动员争夺更高名次（包括第一名）的权益。

外力

26.10 当横杆明显受外力（如阵风）作用而掉落，且与运动员无关的情况：

26.10.1 如果这种横杆掉落的情况发生在运动员越过横杆后，且身体并未触及

横杆，该次试跳应视为成功，或

26.10.2 如果在其他情况下发生横杆掉落，则运动员要获得一次重新试跳机会。

27. 跳高

比赛

27.1 运动员必须使用单脚起跳。

27.2 出现下列情况之一者，应判为试跳失败：

27.2.1 试跳后，由于运动员的试跳动作，致使横杆未能留在两边的横杆托上；或

27.2.2 运动员没有先越过横杆，其身体的任何部位就触及超越横杆后沿垂面，两个立柱之间或之外的地面及落地区。如果运动员在试跳中一只脚触及落地区，而裁判员认为他并未从中获得利益，则不应以此原因判该次试跳失败。

注：为有助于执行上述规则，应在两个立柱之间和3米外标出一条50毫米宽的白线（通常可用胶布或类似物质），该白线后沿应与横杆后沿垂直面在一条线上，并延伸至立柱以外3米处。

27.2.3 运动员助跑未起跳，触及横杆或两

侧立柱垂直面。

助跑道和起跳区

27.3　助跑道的最小宽度为16米，长度不得短于15米。在世界排名比赛定义1.（a）（b）（c）（d）和2.（a）（b）所述的比赛中，助跑道长度至少为25米。

27.4　助跑道和起跳区最后15米最大整体向下倾斜度不得超过1∶167（0.6%），任何半径最小为16米宽的长方形区域，以立柱中间为中心，最小半径见技术规则27.3条说明。落地区应放在运动员的助跑上坡的位置。

　　　注：根据2018—2019规则建造的助跑道和起跳区仍然可以使用。

27.5　起跳区须保持水平，或任何倾斜都必须符合技术规则27.4条和《世界田联田径场地设施手册》的要求。

器材

27.6　任何类型的结构坚固的立柱或跳高架均可使用。

　　　跳高架应有能稳定放置横杆的横杆托。

　　　跳高架应有足够的高度，应超过横杆实际提升高度至少0.10米。

　　　两立柱之间的距离为4.00～4.04米。

27.7　在比赛过程中不得移动立柱或跳高架，除非有关裁判长认为该起跳区或落地区已变得不适合比赛。

如需移动跳高架或立柱，应在一轮试跳结束后进行。

27.8 横杆托应水平放置。横杆托呈长方形，宽40毫米，长60毫米。在跳跃过程中，横杆托必须牢固地固定在立柱上且不可移动，朝向对面立柱。横杆两端放置于横杆托上，若被运动员触碰时，应易于向前或向后掉落。横杆托表面应该光滑。（技术规则27条图）

横杆托上不得包裹橡胶或其他能够增大与横杆末端之间摩擦力的任何物质，亦不得使用任何有弹性的物质。

横杆托在起跳区横杆两端的高度应该相同。

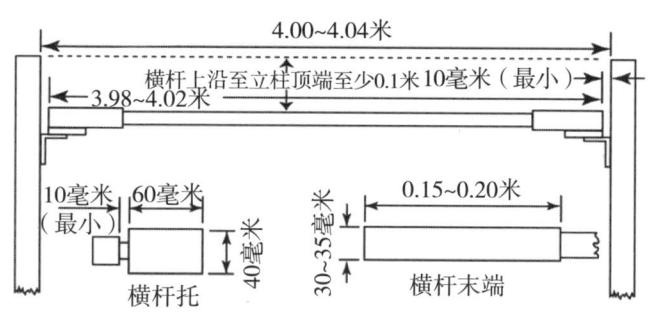

技术规则27条图 跳高架和横杆

27.9 横杆两端与立柱之间至少应有10毫米的间隙。

落地区

27.10　在世界排名比赛定义1.（a）（b）（c）（d）和2.（a）（b）所述的比赛中，落地区不能小于6米长×4米宽×0.7米高。

注：落地区前角上可以有1个切口，以提供与立柱之间的间隙。立柱和落地区的设计应确保在使用时，它们之间至少有0.1米的间隙，以避免因落地区的移动触及立柱而引起横杆移位。落地区的前部应距离横杆的垂直面约0.1米。

其他比赛，落地区应不小于5米长×3米宽×0.7米高。

裁判员团队

跳高项目比赛，建议按以下方式分配裁判员：

a. 主裁判应该全面观察本场比赛的进行并核实高度的测量。他们应该准备两面旗子，白旗标示试跳成功，红旗标示试跳失败。他们应身处合适的位置以便处置以下两种特殊情形：

ⅰ. 运动员触碰后，横杆在横杆托上不停颤动的情况经常发生。主裁判应依据横杆的位置，判断横杆何时停止颤动，然后合理举旗。特殊的情形在技术规则26.10条中已被提及；和

ⅱ. 由于运动员可能并不触及横杆、立柱垂直面或者超越横杆后沿垂直面的地面，当运动员决定不完成试跳，跑向一边或横杆"下方"，在这种情况下观察运动员脚的位置非

常重要。

b. 2名裁判员分别在落地区两端稍微靠后的位置，负责横杆掉落后的重新放置，并协助主裁判执行上述规则。

c. 记录裁判员，负责填写和记录成绩表格并通知每一名运动员（和下一名运动员）。

d. 成绩显示屏裁判员（试跳轮次—运动员号码—试跳成绩）。

e. 时限裁判员，负责向运动员显示某次试跳时限。

f. 管理裁判员，负责运动员的管理。

注（ⅰ）：这是裁判团队的常规设置。在大型比赛中，需要专业人员操作数据系统、电子显示牌。需要明确的是，记录裁判员和数据系统均要完成跟踪田赛项目的比赛进程和记录成绩。

注（ⅱ）：裁判员的站位和设备的摆放既不能妨碍运动员比赛，也不能阻挡观众的视线。

注（ⅲ）：须在合理位置放置风标，用于显示风向和风力。

28. 撑竿跳高

比赛

28.1 运动员可要求向落地区方向移动横杆，并使距运动员最近的横杆边沿移动至从穴斗后壁末端向落地区方向80厘米内的任一位置。

运动员应在比赛开始前将其第一次试跳所需

的横杆移动距离通知有关裁判员，移动距离
应被记录下来。

此后，如果运动员要求改变横杆的移动距
离，应在按其原要求调整横杆位置之前及时
通知有关裁判员。

一旦试跳时限开始，横杆的位置就不允许再
改变。

注：需画一条10毫米宽颜色明显的线（零
线），该线与穴斗前壁顶端的内沿齐平，
与助跑道的中轴线垂直。一条相似的线，
宽度不超过50毫米，此线也要通过落地区
的表面，延伸至两立柱的外侧。此线靠近
运动员助跑侧的边沿，必须与穴斗的前壁
顶端相吻合。

28.2　出现下列情况之一者，应判为试跳失败：

28.2.1　试跳后，由于运动员的试跳动作，
致使横杆未能留在两边的横杆托
上；或

28.2.2　在越过横杆之前，运动员的身体或
所用撑竿的任何部位触及穴斗前壁
顶端垂直面以后的地面，包括落地
区；或

28.2.3　起跳离地后，将原来握在下方的手
移握至上方手以上或原来握在上方
的手向上移握；或

28.2.4　试跳时，运动员用手稳定横杆或将横杆放回横杆托上。

注（i）：运动员助跑时，在任何位置跑出助跑道白色标志线不视为试跳失败。

注（ii）：运动员在试跳中，撑竿正确插入穴斗后，撑竿触及落地区垫子不视为试跳失败。

在应用和解释技术规则28.2条时，应该注意以下几种情形：

a. 横杆掉落必须是由于运动员的持竿跳跃动作导致的。因此，当运动员在合理地取回撑竿（防止违反技术规则28.4条）过程中撑竿触及横杆或立柱导致横杆掉落，则不应该视为失败，因为这不是由于运动员的持竿跳跃动作导致的，除非横杆还在晃动而且裁判员还没有举白旗。

b. 注（ii）的情况应该被考虑在内，因为撑竿弯曲超过"零线"触及落地区的情形时有发生。

c. 须注意另一种可能性是运动员以正确的方式起跳，但他的身体或撑竿的弯曲触及"零线"的垂直面，但是他后续又回到助跑道而没有试图去越过横杆。如果运动员的试跳时限没过，且没有触及超越"零线"的地面，则他仍可以在其时限内进行试跳。这也适用于，运动员在他们的试跳期间，由于任何原因，把撑竿插在穴斗内或以其他任何方式通过"零线"的垂直面，并且撑竿触及超越"零线"的地面，应视为试跳失败。

d. 裁判员须特别关注技术规则28.2.4条禁止出现的动作。这不仅意味着相关裁判员在运动员起跳过程中要密切关注其持竿跳跃全程，还必须判定运动员过杆的触及动作不是偶发的。通常应用技术规则28.2.4条，运动员应有直接的动作去稳定或放回横杆。

e. 通常，运动员在试跳完成以后（无论成功还是失败）又退回来，然后把撑竿又插进穴斗检查他的起跳位置。只要是符合技术规则25.8条的规定完成试跳并在下一名运动员开始试跳之前进行，并且不会耽误比赛的正常进行，这种情况是被允许的。

28.3　比赛中，允许运动员在双手或在撑竿上用有利于抓握的物质，并允许使用手套。

允许运动员使用手套，被许可的物质也可以涂抹在手套上，但是相关裁判长应监督这种做法，以防这种做法引起关注并可能引发不公平的帮助的问题。

28.4　撑竿离开运动员的手之后，除非撑竿朝向远离横杆或立柱的方向倾倒，否则不允许有人（包括运动员）接触撑竿。如果撑竿被接触，而裁判长认为没有这种干预则横杆会被碰落，则应记录此次试跳失败。

这是由于裁判员的行为可能导致试跳失败判罚的少数情形之一。非常重要的是立柱侧的裁判员要细致地确保不要触及或抓住撑竿，除非运动员已越过横杆，且撑竿朝向远离横杆或立柱的方向倾倒。

28.5 试跳时，若撑竿折断，不应判为试跳失败，应给予该运动员一次重新试跳的机会。

助跑道

28.6 从"零"线开始测量，助跑道长度须至少长40米，条件允许时应长45米。助跑道宽度应为1.22米 ± 0.01米。助跑道的标志线为宽50毫米的白线。

注：2004年1月1日以前建造的场地可以使用最多1.25米宽的助跑道。如果助跑道完全重新铺设面层，宽度应符合本规则要求。

28.7 助跑道的横向倾斜度不得超过1：100（1%），除世界田联提供合法豁免的特殊情况外；在助跑道最后40米的跑进方向上向下总的倾斜度不得超过1：1000（0.1%）。

器材

28.8 撑竿跳高在起跳时，撑竿必须插在穴斗内。应采用适宜的材料制作穴斗，穴斗上沿为圆弧形或软性材料，穴斗埋入地下，上沿与地面齐平，可以用也可以不用合成材料表面覆盖穴斗边缘的上沿。任何合成覆盖物都必须在穴斗高度允许的公差范围内。穴斗底部沿里边测量，它为1米长，穴斗在前面末端宽为0.60米且逐渐变小到在抵趾板底部宽为0.15米，由底部和抵趾板构成的105°角决定了在助跑水平方向上的穴斗长度和抵趾板的深度。（穴斗的尺寸和角度的容差是 ± 0.01 米和 - 0°/+1°）［技术规则28条图（a）］

穴斗的底部要向助跑道水平面前部末端倾斜，到抵趾板连接处是在水平地面以下 0.20米的垂直距离。穴斗应由以下方式构成：两边向外倾斜且在底部末端与相邻抵趾板约成120°。

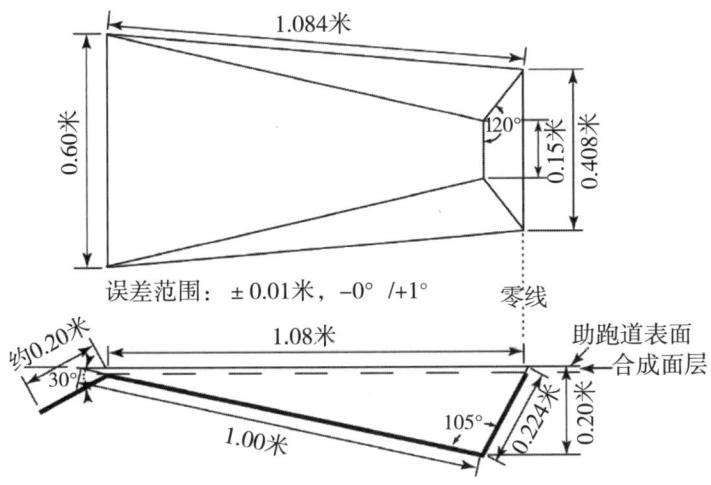

技术规则28条图（a）　撑竿跳高穴斗（俯视图和侧视图）

注：运动员在进行每一次试跳时，可以在穴斗四周放置垫子，以便进一步保护。放置这

一器材要在运动员的试跳时限内完成，并且要在他结束本次试跳后立即移除。在世界排名比赛定义1.（a）（b）（c）（d）和2.（a）（b）所述的比赛中，这种器材由组织者提供。

28.9　任何坚固的撑竿跳高架和立柱均可使用。必须用由适宜材料制作的垫子包裹撑竿跳高架底座的金属结构以及在落地区上方的立柱下部，以保护运动员和撑竿。

28.10　横杆应放置在水平方向上突出的横杆托上，以便运动员或撑竿触及横杆时，横杆易向落地区方向掉落。横杆托上不得有刻痕或缺口，横杆托应粗细均匀，直径不超过13毫米。

横杆托伸出支架的长度不超过55毫米，且必须光滑。垂直的杆托挡头也必须光滑，它的结构应使横杆不易停留在其顶部。支架应高于横杆托35~40毫米。

横杆托之间的距离为4.28~4.37米。横杆托上不得包裹橡胶或任何能够增大与横杆末端之间摩擦力的物质，亦不能有任何弹性。横杆托应支撑在横杆两端的中间部位。横杆延伸臂在支撑两个立柱的金属底座表面上方的高度须相同。

注：为了减小运动员落在立柱底座上受伤的可能性，可将横杆托置于永久性固定在立柱

上的支撑件上面，以增加2个立柱之间的距离，而横杆的长度不变。［技术规则28条图（b）］

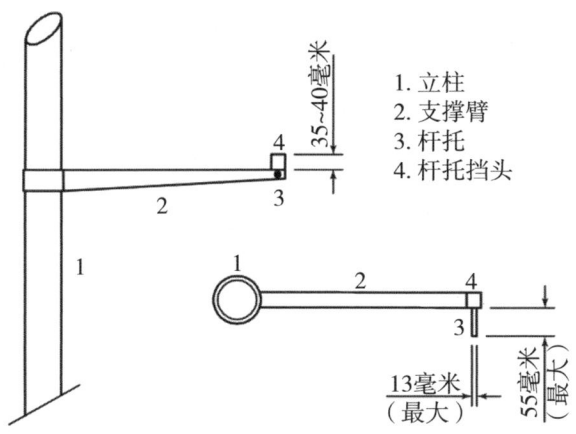

1. 立柱
2. 支撑臂
3. 杆托
4. 杆托挡头

技术规则28条图（b）　撑竿跳高架横杆托和延伸臂
（落地区侧视图和俯视图）

撑竿

28.11　运动员可使用自备撑竿。未经物主同意，不得使用他人的撑竿。

注：如果裁判员发现，他们要指示任何不遵守本规则的运动员纠正这种情况。如果运动员不这样做，此类试跳将视为失败。如果在发现不合规之前运动员完成了试跳，也要判定为失败。如果情况严重，也可适用技术规

则7.1条和7.3条。

撑竿可用任何材料或混合材料制成，长度和直径不限，基本表面必须光滑。

可在撑竿的抓握端缠上多层保护性胶布（保护手），和（或）在撑竿下端缠上其他适当材料和胶布（保护撑竿）。任何在撑竿抓握端的胶布，除了偶尔重叠外必须一致，不能出现直径的突然改变，如在撑竿上增设任何"环状"结构。

根据规则在撑竿持握的一端进行常规的缠绕是允许的，但是环状凸起或以打结等形式缠绕是不允许的。对于向下或向上缠绕范围没有限制，但应该是出于保护手的目的。同样地，在撑竿底部末端的缠绕也没有限制，前提是出于保护撑竿的目的，而不能帮助运动员获得任何利益。

落地区

28.12　在世界排名比赛定义1.（a）（b）（c）（d）和2.（a）（b）条所述的比赛中，落地区不小于6米长（零线后且不包括前端部分）×6米宽×0.8米高。前端必须至少2米长。

落地区两侧边沿距离穴斗应有0.10~0.15米，从插斗方向向外倾斜至少45°但不能超过48°。［技术规则28条图（c）］

对于其他赛事，落地区的最小规格为5米长（不包括前端部分）×5米宽×0.8米高。

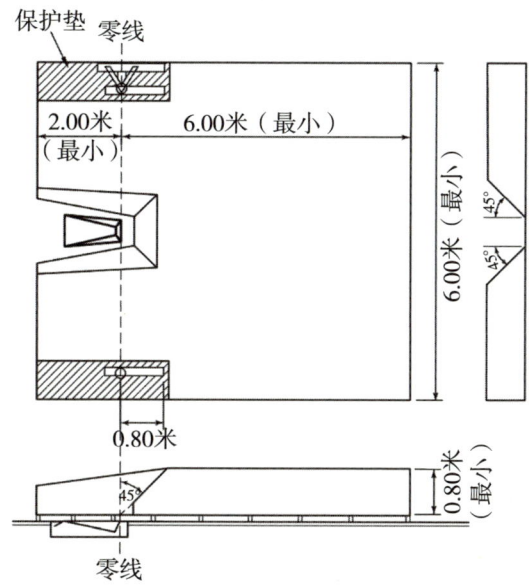

技术规则28条图（c）　撑竿跳高落地区（俯视图和侧视图）

裁判员团队

对于撑竿跳高项目，建议裁判员分配如下：

a. 主裁判应该管控比赛的全过程并且审核高度的测量。他们必须准备两面旗子，白旗标示试跳成功，红旗标示试跳失败。他们必须合理处置以下两种特殊的情形：

　i. 横杆被运动员触及而在横杆托上颤动。主裁判必须根据横杆的位置和状况，作出何时举旗、何时扶停颤动的横杆的决定，遇到技术

规则26.10条和28.4条所述特殊情况时更应特别注意；和

ⅱ. 由于运动员在起跳前不得触及穴斗前壁顶端垂直面之前的地面，裁判员的站位必须确保他们能对此作出清晰的判断。

b. 2名裁判员分别在穴斗前壁外侧的两边成一线，负责架设横杆和协助主裁判执行上述规则。他们还负责保证由记录员通知的运动员所需架距调整位置的准确性。

c. 记录裁判员，有一个能显示运动员所需架距的仪器，记录成绩并宣布下一名试跳运动员及其架距（和下一名运动员）。

d. 成绩显示屏裁判员（试跳轮次—运动员号码—试跳成绩）。

e. 时限裁判员，负责向运动员显示某次试跳时限。

f. 管理裁判员，负责运动员的管理。

注（ⅰ）：这是裁判团队的常规设置。在大型比赛中，需要专业人员操作数据系统、电子显示牌。需要明确的是，记录裁判员和数据系统均要完成跟踪田赛项目的比赛进程和记录成绩。

注（ⅱ）：裁判员的站位和设备的摆放既不能妨碍运动员比赛，也不能阻挡观众的视线。

注（ⅲ）：须在合理位置放置风标，用于显示风向和风力。

水平跳跃项目

29. 水平跳跃项目通则

助跑道

29.1 助跑道从起跳线开始丈量，长度不少于40米。如条件允许，为45米。助跑道宽度为1.22米±0.01米，并以50毫米宽的白线标示。

注：2004年1月1日以前建造的场地，助跑道最大宽度为1.25米。然而，如果助跑道面层全部重新铺设，宽度应符合本规则要求。

29.2 助跑道横向的最大倾斜度不得超过1∶100（1%），除非是世界田联提供了豁免（检查）证明的特殊情形。助跑道的最后40米，在跑进方向向下的整体倾斜度不得超过1∶1000（0.1%）。

起跳板

29.3 起跳板要水平埋入地下，其上平面与助跑道和落地区表面平齐。起跳板靠近落地区的边沿应为起跳线。

29.4 起跳板为长方形，用木质或其他适宜硬质材料制成，使运动员踏跳时鞋钉能够抓牢而不会打滑，起跳板长1.22米±0.01米，宽0.20米±0.002米，厚度不超过0.10米，颜色为白色。为了确保起跳线能够清晰辨识，并

与起跳板颜色形成反差，紧邻起跳线以后的地面应为白色以外的颜色。［技术规则29条图（a1）］

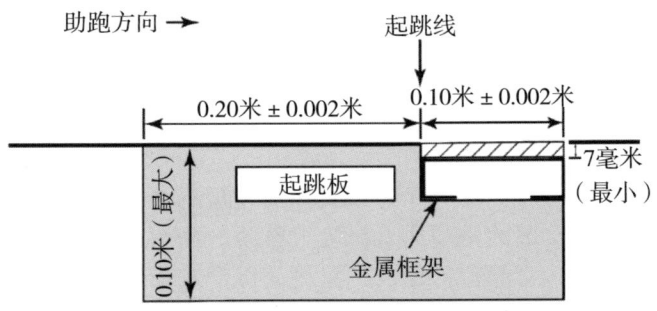

技术规则29条图（a1）　带垫板的起跳板

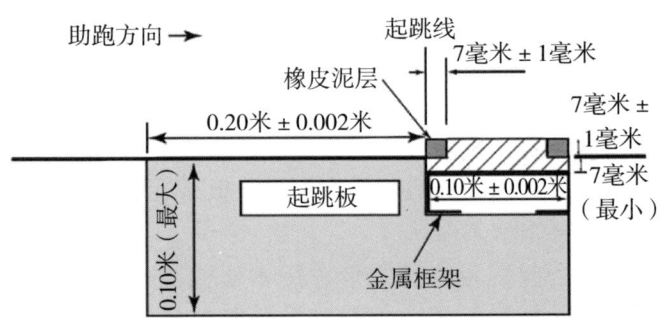

技术规则29条图（a2）　带橡皮泥显示板的起跳板

29.5 强烈建议在各级比赛中使用视频或其他技术，以帮助裁判员运用技术规则30.1.1条进行判罚。然而，如果没有上述技术手段，仍可使用一块放在紧靠起跳线之后的橡皮泥显示板。

橡皮泥显示板须用木质或其他适宜材料制成，质地坚硬，宽0.10米±0.002米，长1.22米±0.01米，须漆成与起跳板形成鲜明对比的颜色。如果可能，橡皮泥应采用第三种对比色。此板应安放在紧靠起跳板前端的凹槽或搁板内，表面高度超出起跳板7毫米±1毫米。显示板边沿须切掉，以便在填充橡皮泥时满足有关的凹槽靠近起跳线的橡皮泥表面应成90°。［技术规则29条图（a2）］

显示板置于凹槽中，整套装置必须牢固，足以承受运动员起跳脚的全部力量。

板的表面须采用运动员鞋的鞋钉可以抓牢而不打滑的材料。

橡皮泥应可用滚筒或其他刮具抹平，以消除运动员的足迹。

注（ⅰ）：在修建助跑道和（或）安放起跳板时，需按前述要求放置橡皮泥显示板；不使用显示板时，应使用与起跳板平齐的垫板填平凹槽。

注（ⅱ）：起跳板为一块宽0.30米板子，其

中0.20米涂成白色，0.10米为对比色，即起跳板和垫板可为一体。

落地区

29.6　落地区宽度最小2.75米，最大3米。如有可能，助跑道中心线的延长线与落地区的中心线应重合。

　　　注：当落地区中心线与助跑道中心线不重合时，应在落地区内布置1条或2条线带，使这两条线重合，以达到上述要求。［技术规则29条图（b）］

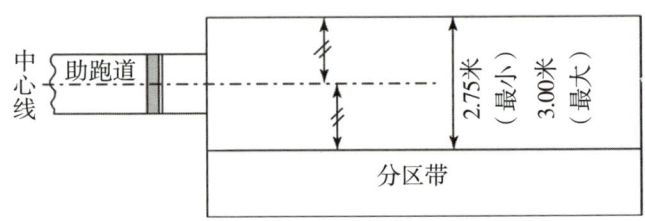

技术规则29条图（b）　跳远/三级跳远落地区形成中心线布置

建造新场地时，应考虑视力残障运动员参赛的情况，国际残奥委会建议至少应有一个沙坑的宽度应增加（最大3.50米，而不是本规则中的3.00米）。

29.7　落地区内应填充湿软的细沙，沙面须与起跳板平齐。

距离测量

29.8 　　所有水平跳跃项目，如测量的距离不为整数厘米时，应记录到在测量距离以下最近的0.01米。

29.9 　　每次有效试跳后（或根据技术规则8.5条提出即时口头抗议后），须立即测量每跳成绩，测量成绩应从运动员身体任何部位或留下痕迹瞬间附属在身体上的任何物体在落地区内的最近触及点，量至起跳线或起跳线的延长线。测量线须与起跳线或其延长线垂直。

只要没有违规行为，无论成绩如何，每次试跳都必须测量。其原因包括其他试跳成绩可能成为决定排序或运动员是否会进入后续赛次的关键。

除非应用了技术规则8.5条，通常情况下，任何发生犯规行为的试跳均不应被测量。通常只在特殊情况下，相关裁判员应审慎地适用判罚权采用任何备选的操作。

除非使用影像测距，每次有效试跳后，在落地区内运动员留下的距离起跳线的最近触及点，应垂直插上一个（通常为金属的）标志物，这个标志物穿过刻度钢卷尺末端的环，使"0"点在标志物上。水平拉紧金属卷尺，注意避免把它放在地面上的任何凸起处。

风速测量

29.10　风速仪须与技术规则17.8条和17.9条所述一致。按照技术规则17.11条和29.12条的要求操作，并按照技术规则17.13条读取数据。

29.11　相关田赛裁判长须确保风速仪置于距离起跳线20米处，测量平面高度为1.22米 ± 0.05米，与助跑道的距离不超过2米。

29.12　风速应从运动员经过助跑道旁的标记点时开始测量，测量时间为5秒。跳远和三级跳远风速测量标记点应分别置于距离起跳线40米和35米处。如果运动员助跑距离不足40米或35米，则须从其开始助跑时启动测量。

30.　跳远

比赛

30.1　下列情况，应判为试跳失败：

30.1.1　运动员在起跳过程中（结束与起跳板或地面接触之前任何时候），无论是在助跑后未做起跳动作的情况下还是在起跳动作中，运动员的起跳脚/鞋的任何前面部分越过起跳线的垂面；或

注：如果鞋的松散部分（如鞋带）触及了垂直面，不会判为失败。

30.1.2　运动员从起跳板任意一端以外起跳，无论是否越过起跳线的延长线

或在起跳线的延长线前；或

30.1.3 运动员在助跑或跳跃时采用任何形式的空翻动作；或

30.1.4 起跳后，但在首次触及落地区之前，运动员触及了助跑道、助跑道以外地面或落地区以外地面；或

30.1.5 在落地过程中（包括失去平衡时），运动员触及落地区边沿或落地区以外地面，而这个触及点较沙坑内的最近触及点更靠近起跳线；或

30.1.6 除技术规则30.2条所述情况外，运动员以其他方式离开落地区。

规则30.1.1条的重点在于踏跳脚/鞋的前面部分，与其他方式越过起跳线垂直面无关，如运动员的手、手臂、帽子或在起跳期间从运动员身体掉落的首饰。类似情况为，松散的鞋带等即使越过垂直面也与判罚无关。

30.2 离开落地区时，运动员脚在落地区边沿或边沿以外地面的第一触及点，要比在沙坑内的最近触及点距离起跳线更远（该最近触及点可能为因失去平衡而留下的完全在落地区内的痕迹，或者是运动员往回走时留下的距离起跳线比最初落地的触及点更近的痕迹）。

注：第一次触地过程被视为离开落地区。

30.3　下列情况，不应判为试跳失败：

30.3.1　运动员在任何位置跑出助跑道白色标志线；或

30.3.2　除技术规则30.1.2条的情况外，运动员在抵达起跳板之前起跳；或

30.3.3　按照技术规则30.1.2条的规定，运动员的鞋/脚的一部分触及起跳板任意一端以外、起跳线之前的地面；或

30.3.4　在落地过程中，运动员身体的任何部分，或落地那一刻附在身体上的任何物体，触及了落地区边沿或以外的地面。除非这一接触违反了技术规则30.1.4条或30.1.5条的规定；或

30.3.5　如果运动员按照技术规则30.2条所述的方式离开落地区后，运动员穿过落地区往回走。

起跳线

30.4　起跳线至落地区远端的距离须至少10米，如有可能，应为11米。

30.5　起跳线至落地区近端的距离须为1～3米。

裁判员团队

跳远和三级跳远比赛，建议裁判员的配置如下：

a. 主裁判，负责管控整个比赛。

b. 起跳点裁判员，判断起跳是否成功并测量成绩。起跳点裁判员须备有两面旗子——白旗标示试跳成功，红旗标示试跳失败。试跳测量完后，在平整落地区时，建议该裁判员手执红旗站在起跳板前，如果可以，在平整落地区的时候更换橡皮泥板。锥桶可被替代或增加（在某些比赛中，该职责由项目主裁判承担）。

c. 落点裁判员，判断运动员在落地区内距离起跳线最近的触及点，插上铁钎/棱镜，如果使用钢尺丈量，将钢尺零点对准铁钎。使用视频测距时，无须裁判员完成此项工作。使用光学测距仪时，需要有2名裁判员，一人在沙坑落点插上标志，另一人在光学仪器上读取成绩。

d. 记录裁判员，记录成绩单，并通知每名运动员（和下一名运动员）试跳。

e. 成绩显示屏裁判员（试跳轮次—运动员号码—试跳成绩）。

f. 风速测量裁判员，负责测量风速，风速仪置于距离起跳线20米处。

g. 1名或多名平沙裁判员或助理，每次试跳后负责平整落地区。

h. 橡皮泥板裁判员或1名助理，负责更换橡皮泥显示板。

i. 时限裁判员，负责向运动员显示某次试跳时限。

j.管理裁判员，负责运动员的管理。

注（ⅰ）：这是裁判团队的常规设置。在大型比赛中，需要专业人员操作数据系统、电子显示牌。需要明确的是，记录裁判员和数据系统均要完成跟踪田赛项目的比赛进程和记录成绩。

注（ⅱ）：裁判员的站位和设备的摆放既不能妨碍运动员比赛，也不能阻挡观众的视线。

注（ⅲ）：须在合理位置放置风标，用于显示风向和风力。

31.　三级跳远

技术规则29条和30条同样适用于三级跳远项目，并增加以下变化内容：

比赛

31.1　三级跳远的"三跳"顺序是一次单足跳、一次跨步跳和一次跳跃。

31.2　单足跳应以起跳腿落地，跨步跳以另一腿（摆动腿）落地，随后，由此腿起跳，完成跳跃动作。

　　　运动员在试跳过程中摆动腿触及地面不应视为试跳失败。

　　　注：技术规则30.1.4条不适用于单足跳和跨步跳时的正常落地动作。

需要注意的是，运动员出现下列情形（仅因这个原因），不应判为失败：

a. 触及在起跳线和落地区之间的白线或线外地面；或

b. 运动员自身没有犯规情形，但在跨步跳阶段落入沙坑（如裁判员错误标识起跳板位置），在这种情况下，相关裁判长通常应给予运动员一次重新试跳机会。

然而，如果运动员跳跃的落点在落地区之外，应判为失败。

起跳线/起跳区

31.3 男子起跳线至落地区远端的距离须至少21米。

31.4 根据不同比赛水平的需要，应分别设置男子和女子起跳板，起跳线至落地区近端的距离：男子不少于13米，女子不少于11米。其他比赛中，此距离应与参赛运动员的水平相适应。

31.5 在起跳板和落地区之间，对于跨步跳和跳跃阶段，应有一个1.22米 ± 0.01米宽的坚实、匀质的起跳区。

注：*2004年1月1日以前建造的场地，起跳区最大宽度可为1.25米。但是，当这种助跑道全部重新铺设时，跑道宽度应遵守本规则的规定。*

投掷项目

32. 投掷项目通则

正式比赛器械

32.1 在所有世界排名比赛中，应使用符合世界田联现行有关规定的器械。只有世界田联认证合格的器械方可使用。下表是各年龄组使用的器械重量：

器械	少年女子（U18）	青年女子（U20）/成年女子	少年男子（U18）	青年男子（U20）	成年男子
铅球	3.000千克	4.000千克	5.000千克	6.000千克	7.260千克
铁饼	1.000千克	1.000千克	1.500千克	1.750千克	2.000千克
链球	3.000千克	4.000千克	5.000千克	6.000千克	7.260千克
标枪	500克	600克	700克	800克	800克

注（i）：认证申请和测量报告所使用的现行标准表格及认证系统程序，可向世界田联办公室索取或从世界田联官方网站下载。

注（ii）：未成年人比赛、残疾人比赛或老将赛中常用的其他器械的推荐重量和规格将列在世界田联网站上。

32.2 所有投掷器械应由组织者提供，下列情况例外：根据各项比赛的相关规程，技术代表可以允许运动员使用自备投掷器械，或者使用供货商提供的器械，但是这些器械须经过世界田联认证，并在比赛前经过组织者的检查和标记，比赛时所有运动员均可使用。除非技术代表另有决定，任何运动员在其参加的任何投掷项目中不得提交2件以上的器械。

注：“世界田联认证”的投掷器械可能包括以前持有证书的旧型号，但已不再生产。

与过去相比，现在组织者提供器材的情况越来越少（主要是为了降低采购成本）。这也相应地增加了技术主管及其助手的责任，他们需要仔细地核查所有用于比赛的自备器材，以保证它们符合竞赛规则并与世界田联审定的器械目录相一致。如果投掷器械目前不在世界田联审定的器械目录中，但是以前曾被审定过，在符合规则的情况下也应该被接受。

32.3 比赛中不得对任何投掷器械做任何改变。不允许在任何器具上吐痰或以其他方式使用人体体液。

帮助

32.4 下列情况应视为帮助，因此不允许：

32.4.1 使用胶带将2个或更多的手指捆在一起。如果用胶带捆绑手和手指，则可连续捆绑，但前提是不能将2根或多根手指绑在一起，这种捆绑方式使手指不能单独活动。使用胶带应在比赛开始前向有关主裁判展示。

32.4.2 当运动员试掷时，可使用任何类型的装置提供帮助，包括在身上附着重物。

32.4.3 除链球外，运动员不得在比赛中使用手套。链球手套的手掌和手背及戴手套手指的指尖是光滑的。除拇指外，其余手指应露出指尖。

32.4.4 不允许运动员向投掷圈内或鞋底喷洒任何物质，或使圈内地面粗糙。

注：如果裁判员发现这些情况，他应命令不遵守规则的运动员进行改正。如果运动员拒不执行，这次试掷判为失败。如果一次这类试掷在被发现之前就已完成，也应被判为失败。如果情况严重，也可适用技术规则7.1条和7.3条。

32.5 下列情况不视为帮助，允许在比赛中出现：

32.5.1 为了更好地抓握器械，运动员可在双手上使用某种适宜物质，或链球运动员可在手套上使用。铅球运动员可在其颈部涂抹此类物质。

32.5.2 在铅球和铁饼项目中，运动员在器械上放置白垩粉或类似物质。

所有用到手上、手套上、器械上的这类物质都应可以用湿布轻松去除，且不应留下任何污渍。如果不能实现，按技术规则32.4条处理。

32.5.3　　在不违反技术规则32.4.1条的情况下，可在手或手指上使用胶带。

投掷圈

32.6　　投掷圈边沿应使用扁铁、钢板或其他适宜材料制成，其上沿应与圈外地面齐平，其厚度至少为6毫米，圈的内沿和顶部应漆成白色。圈的周围地面可以为混凝土、合成材料、沥青、木材或其他材料。

圈内地面应用混凝土、沥青或其他坚硬而不滑的材料修建。圈内地面须保持水平，低于铁圈上沿20毫米±6毫米。

铅球项目可使用符合上述规定的可移动式投掷圈。

32.7　　铅球和链球项目，圈的内径应为2.135米±0.005米。铁饼项目，圈的内径应为2.50米±0.005米。［技术规则32条图（a）（b）（c）（d）］

可在铁饼投掷圈内放置一个圆形环，将直径从2.50米减小为2.135米，用于链球投掷。

注：该圆形环应漆成除白色外的其他颜色，以便能清楚看见技术规则32.8条规定的白线。

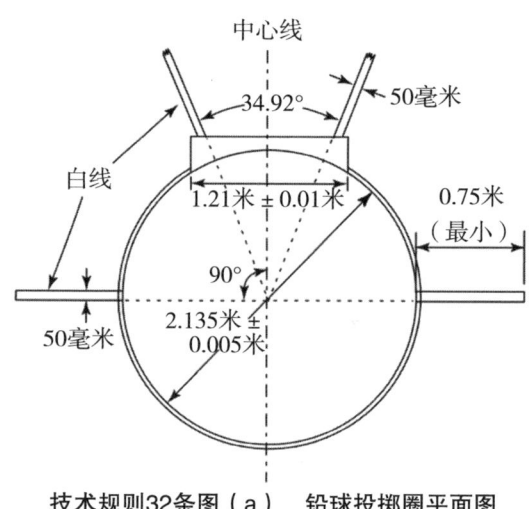

技术规则32条图（a）　铅球投掷圈平面图

32.8　从金属圈顶两侧向外各画一条宽50毫米、长至少为0.75米的白线。此线可以画出，也可用木料或其他适宜材料制成。白线后沿的延长线应能通过圆心，并与落地区中心线垂直。

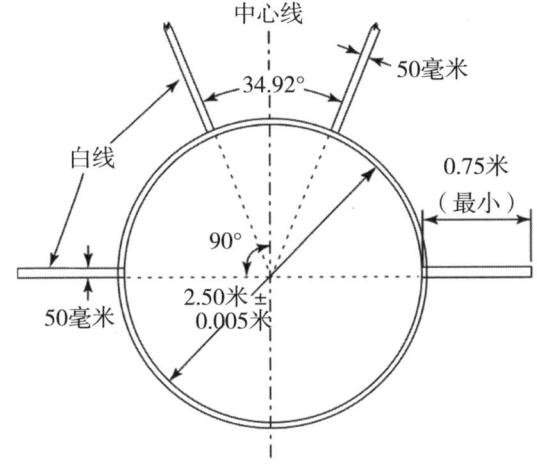

技术规则32条图（b） 铁饼投掷圈平面图

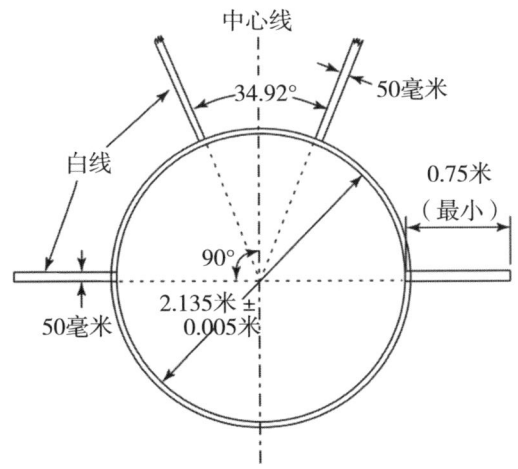

技术规则32条图（c） 链球投掷圈平面图

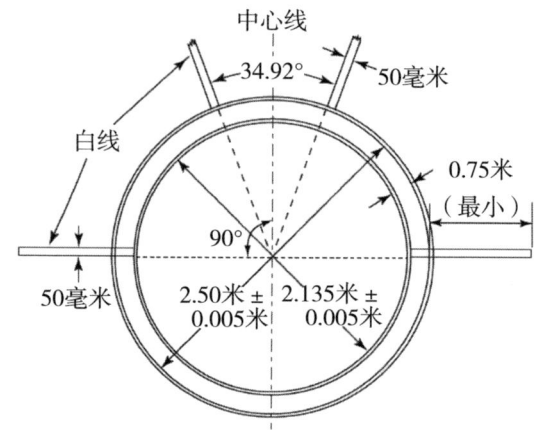

技术规则32条图（d） 铁饼、链球同心圆投掷圈平面图

标枪助跑道

32.9 助跑道的长度不短于30米，在世界排名比赛定义1.（a）（b）（c）（d）和2.（a）（b）所述的比赛中，助跑道不短于33.50米，条件允许时，最短应为36.50米。［技术规则32条图（e）］

助跑道应用两条相距4米、宽为50毫米的平行白线标出。助跑道前端是半径为8米的一条弧线，运动员应在投掷弧后面试掷。投掷弧可以画出，也可以用木料或类似塑料的且抗腐蚀的适宜材料制成，弧线至少宽70毫米，涂成白色，与地面齐平。投掷弧两端向外各画一条白色直线，与助跑道标志线垂直，线宽至少70毫米，长至少0.75米。助跑道横向的最大倾斜度为1∶100（1%），世界田联批准的合法豁免的特殊情形除外。助跑道跑进方向最后20米向下的整体倾斜度不得超过1∶1000（0.1%）。

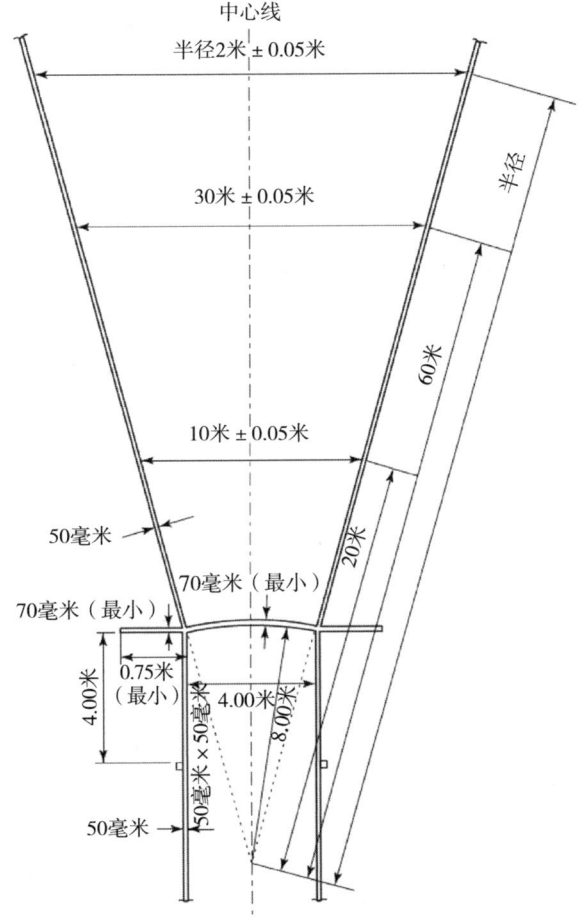

技术规则32条图（e） 标枪助跑道和落地区（非比例）

落地区

32.10 落地扇形区应用煤渣、草地或其他适宜材料铺设，器械落地时应能留下痕迹。

32.11 落地区在投掷方向上向下的最大整体倾斜度不得超过1∶1000（0.1%）。

32.12 扇形落地区标记：

32.12.1 除标枪项目外，落地区用两条夹角为34.92°的50毫米宽的白线标出，其内沿的延长线应通过投掷圈圆心。

注：可用下列方法精确设置34.92°扇形落地区：在离投掷圈圆心20米处，两条落地区标志线间的距离是12米±0.05米（20×0.6米），即每离开圆心1米，落地区标志线间的距离增加0.6米。

32.12.2 在标枪项目中，落地区须用两条50毫米宽的白线标出，其内沿的延长线必须通过投掷弧内沿与助跑道标志线内沿的交点并相交于投掷弧的圆心［见技术规则32条图（e）］。落地区扇形的夹角约为28.96°。

落地区表面应该平坦、柔软，保证投掷器械在最初落地时留下痕迹，以便裁判员确定落点。落地区表面应确保器械不至于反弹造成危险或导致丈量点痕迹受到破坏。

试掷

32.13 铅球、铁饼或链球的器械应从投掷圈内掷出，标枪在助跑道内完成掷出。在圈内进行试掷时，运动员应在圈内从静止姿势开始。允许运动员触及铁圈内沿。铅球比赛时，允许运动员触及技术规则33.2条所述的抵趾板内侧。

运动员如何或从哪个方向进入投掷圈没有限制，或者铅球比赛时在这个过程中与抵趾板接触也都没有任何限制。相应的要求是，一旦进入投掷圈内，他们必须从静止姿势开始试掷。

静止的姿势是运动员进入投掷圈进行试掷之前，双脚同时与圈内的地面紧密接触，而不与投掷圈顶部或外部地面接触的姿势。这种接触应有足够长的时间，以便裁判员能够观察到。运动员的手臂、手或身体其他部位不要求静止。

32.14 如果运动员在试掷中出现下列情况，判为试掷失败：

32.14.1 铅球或标枪出手姿势不符合技术规则33.1条和38.1条的规定；

32.14.2 在进入投掷圈内并开始投掷动作之后，身体的任何部分触及铁圈上沿（或上沿内侧）或圈外地面；

注：但是，若触碰出现在旋转的第一圈，触碰点完全位于投掷圈外两条白线后方（理论上此两条白线后沿通过圆心），不应判为失败。

32.14.3　铅球比赛时，身体的任何部分触及除抵趾板内侧（不包括内侧上沿，这部分也视为上沿的一部分）的任何部分。

32.14.4　标枪比赛时，身体的任何部分触及助跑道标志线或线外地面。

注（ⅰ）：如果此触碰（包括抵趾板顶部的触碰，或者在标枪投掷的情况下，投掷弧或助跑道的标记线）是由鞋或衣服的松动部分（如鞋带）造成的，或者由投掷开始时附着在身体上但在投掷期间或投掷后脱落的任何其他物品（如帽子）造成的，则在任何时候都不会被视为失败。

注（ⅱ）：器械出手后，如果铁饼或链球的球体撞击护笼的远侧（右手投掷者面向落地区时为左侧，左手投掷者面向落地区时为右侧），则视为失败。

注（ⅲ）：出手后的铁饼或链球的任何部分撞击到护笼的近侧（右手投掷者面向落地区时为右侧，左手投掷者面向落地区时为左侧），在没有违反其他规则的情况下，包括技术规则32.10条，落在护笼限制线以外的

落地区内，均不视为试掷失败。

需要说明的是，投掷圈和抵趾板的上沿内侧均被视为投掷圈和抵趾板各自上沿的一部分。这就意味着运动员如果触及上述部分将被判罚失败。

技术规则32.14.2条关于旋转第一圈的注解，适用于在铅球、铁饼或链球项目中运动员应用旋转技术。应理解为运动员在第一圈旋转时任何"偶然性的"触及投掷圈上沿或投掷圈后半部分之外的地面，仅此一项，则不应被判罚失败。技术规则32.14条注（ⅰ）的增加确认了规则32.14.2条至32.14.4条的目的是尊重投掷圈或助跑道限制的目的，以便运动员遵守规定留在投掷圈或助跑道内，直到他们正确退出。除非他们失去平衡，否则只有脚/鞋子的位置才是关键。如果金属圈的顶部，或者在掷标枪时投掷弧或助跑道标志线，圈外面的地面或抵趾板的顶部在试掷过程中被松散的鞋带或类似物或者从运动员身上掉下来的物品如帽子或珠宝接触，这是没关系的。

护笼的限制线应定义为护笼和闸门就位时形成的分界线，并在离扇形落地区最近的护笼/闸门两端之间，画一条假设的直线来完成。

32.15　在试掷过程中，运动员没有违反上述各投掷项目的相关规则，运动员可中止已开始的试掷动作，可将器械放在投掷圈或助跑道内外，也可离开投掷圈或助跑道。

　　　　注：此条规则允许的所有行动均应计入技术规则25.17条规定的最大时限之内。

在这些情形中，对运动员选择以何种方式或从何方向离开投掷圈或助跑道并没有限制。相关的要求是没有违反任何其他规则。

32.16 铅球、铁饼、链球的球体或标枪枪头第一次接触地面时，触及了落地区角度线或落在落地区角度线以外的地面，应判为失败。此外，铅球、铁饼、链球的球体或标枪枪头在投掷后落地前，触及了落地区角度线外的任何物体［技术规则32.14条注（ⅱ）所述的护笼除外］，应判为失败。

应该指出本规则实际的意思是，链球的链子或把手的位置是不包括在其中的。比如链球的链子可能在角度线上或线外，这些都无关紧要，关键是链球的球体必须正确落地。同样适用于根据技术规则32.20.1条确定从哪里开始丈量成绩。

32.17 这应判为失败：

32.17.1 运动员在器械落地前离开投掷圈或助跑道，或

32.17.2 在投掷圈内完成试掷，离开投掷圈时运动员首先触及的投掷圈上沿或投掷圈外地面并非完全在圈外白线的后面。该线后沿理论上要通过投掷圈的圆心；

注：运动员第一次触及投掷圈上沿或投掷圈外地面即被认为离开。

32.17.3 标枪比赛时，当运动员离开助跑

道，首先触及的助跑道标志线或助跑道外地面不完全在投掷弧或两端白色延长线的后面，该线与助跑道标志线垂直。标枪触及地面时，当运动员触及与助跑道标志线垂直，距离投掷弧底端4米的直线或已经在该线后（该线可以画出或理论上在助跑道旁边用标志物实际标出），则被认为已经正确离开助跑道。如果在标枪触及地面时，运动员在该线后且还在助跑道内，他也将被认为已经正确离开助跑道。

技术规则32.17.3条中的第二和第三句话，是为了帮助裁判员加快判罚的程序，而不是增加判罚运动员失败的方法。"4米标志线"的作用仅仅是让裁判员可以在运动员退至该线之后举起白旗，然后开始丈量成绩（就像运动员以其他正确方式离开助跑道后所做的）。唯一的要求是，没有可被判罚失败的其他情形，并在白旗举起前，器械已经落地。必要时，在运动员投掷后，不论何种原因没有越过"4米标志线"，当器械落地后，应举旗示意。

32.18　在每次试掷后，应将器械运回投掷圈或助跑道附近的区域，不得掷回。

距离测量

32.19　在所有投掷项目中，记录测量距离的最小单位为0.01米，不足1厘米不计。

32.20　每次有效投掷后（或根据技术规则8.5条提出即时口头抗议之后）应立即从器械与地面第一次触及的最近标记处进行成绩测量：

32.20.1　从铅球、铁饼和链球球体取直线量至投掷圈内沿，测量线应通过投掷圈的圆心；或者

32.20.2　从标枪枪头取直线量至投掷弧内沿，测量线应通过投掷弧的圆心。

只要没有违规行为，无论成绩如何，每次试掷都必须测量。其原因包括其他试掷成绩可能成为决定排序或运动员是否进入后续赛次的关键。

除非应用了技术规则8.5条，通常情况下没有任何犯规情形的试投（掷）均应测量成绩。只有在特殊情况下，相关裁判员应审慎地适用判罚权采用任何备选的实际操作。

除非使用影像测距，每次有效试投（掷）后，在落地区内器械留下的触地点上，距投掷圈/投掷弧线的最近处，应垂直插上一个（通常为金属的）标志物，使这个标志物穿过刻度钢卷尺末端的环，"0"点在标志物上。水平拉紧金属卷尺，注意避免把它放在地面上的任何凸起处。

33.　铅球

比赛

33.1　铅球只能用单手从肩部推出。当运动员在投掷圈内开始试掷时，铅球要抵住或靠近颈部

或者下颌，在推球过程中持球手不得降到此部位以下。不得将铅球置于肩轴线后方。

注：不允许使用侧手翻式投掷技术。

抵趾板

33.2 抵趾板用木料或其他适宜材料制成，漆成白色，其形状为弧形，以使其内侧面与投掷圈内沿重合，并与投掷圈地平面垂直。抵趾板的中心应与落地区的中心线重合（技术规则33条图），并且牢固固定于地面或投掷圈外的水泥地面。

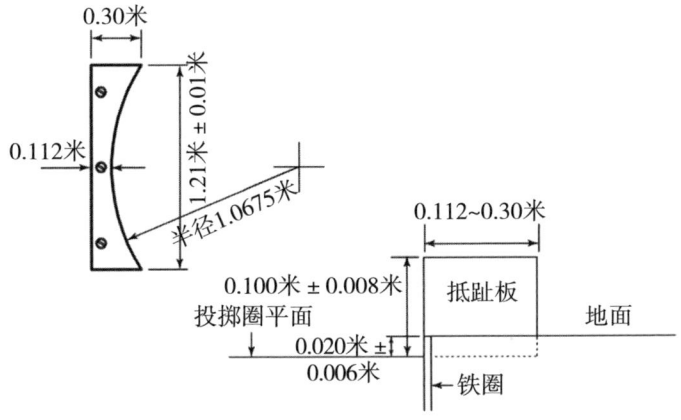

技术规则33条图　铅球抵趾板（俯视图和侧视图）

注：1983—1984年规定的抵趾板标准仍可使用。

33.3 抵趾板宽度为0.112～0.30米，弦长1.21米 ± 0.01米，弧线的半径与投掷圈的半径相同。抵趾板高出投掷圈内相邻地面0.10米 ± 0.008米。

铅球

33.4 铅球应用实心铁、铜或其他硬度不低于铜的固体金属制成，或由此类金属制成外壳，中心灌以铅或其他固体材料。铅球的外形必须为球形，表面结点处应光滑。如果使用填充物，要以不可移动的方式填入，并符合技术规则36.5条规定的重心要求。

制造商信息：为使表面光滑，球体表层平均高度应小于或等于1.6微米，即粗糙度为N7或更小。

33.5 铅球应符合下列规格：

允许比赛使用和承认纪录的最小重量和直径范围				
直径	3.000千克	4.000千克	5.000千克	6.000千克	7.260千克
最小	85毫米	95毫米	100毫米	105毫米	110毫米
最大	110毫米	110毫米	120毫米	125毫米	130毫米

裁判员团队

铅球比赛，建议裁判员的配置如下：

a. 主裁判，负责管控整个比赛。

b. 旗示和落点裁判员，判断试掷是否有效并对成绩进行测量。旗示裁判必须携带两面旗子——白旗标示试掷成功，红旗标示试掷失败。测量成绩后，在铅球回送和整理落地区时，建议裁判手握红旗站在投掷圈内。也可以将圆锥筒放在投掷圈内替代（在某些比赛中，该职责由该项目主裁判承担）。

如果不使用电子测距，另一名裁判应协助使用钢尺丈量，并保持尺子通过投掷圈的圆心。

c. 落点裁判员，在试掷后立即插放一个标志，指示从该点进行测量。

d. 丈量裁判员，将铁钎/棱镜插在以上标志的位置，确保零点对正标志。

e. 器械回送裁判员，取回器械，将其回送到器械架或把器械放到斜槽送回。

f. 记录裁判员，记录成绩单，并通知每名运动员（和下一名运动员）试掷。

g. 成绩显示屏裁判员（试掷轮次—运动员号码—试掷成绩）。

h. 时限裁判员，负责向运动员显示某次试掷时限。

i. 管理裁判员，负责运动员的管理。

j. 器械管理裁判，负责投掷器械的放置与管理。

注（i）：这是裁判团队的常规设置。在大型比赛中，需要专业人员操作数据系统、电子显示牌。需

要明确的是，记录裁判员和数据系统均要完成跟踪田赛项目的比赛进程和记录成绩。

注（ⅱ）：裁判员的站位和设备的摆放既不能妨碍运动员比赛，也不能阻挡观众的视线。

34. 铁饼

铁饼

34.1　铁饼的饼体可为实心或空心结构，应用木料或其他适宜的材料制成，周围镶以金属圈，金属圈边沿应呈圆形。外沿横断面应为标准圆形，半径约为6毫米。铁饼两面中央可镶有与饼体齐平的圆片，板材应牢固固定，不得转动。或者，铁饼也可以不安装金属圆片，只要等效面积是平的，且器械的尺寸和总重量符合规定。不得有松动的部分。（技术规则34条图）

铁饼的两面必须相同，制造时不得带有凹陷、凸起或尖锐边沿。以铁饼中心为圆心，半径为25～28.5毫米的圆上的任何点到金属圈曲线的开始处连线形成的面应呈逐步变窄的直线。

须按下列规格设计铁饼剖面。从铁圈弯曲开始，铁饼的厚度应均匀地增加至D值。铁饼中轴Y至25～28.5毫米处达到铁饼的最大厚度。从D点至Y轴的厚度应该相同。铁饼的两面必须一致，铁饼在绕Y轴旋转时必须对称。

铁饼及整个铁圈不得粗糙，结点处应光滑（见技术规则33.4条），铁饼各处应均匀一致。

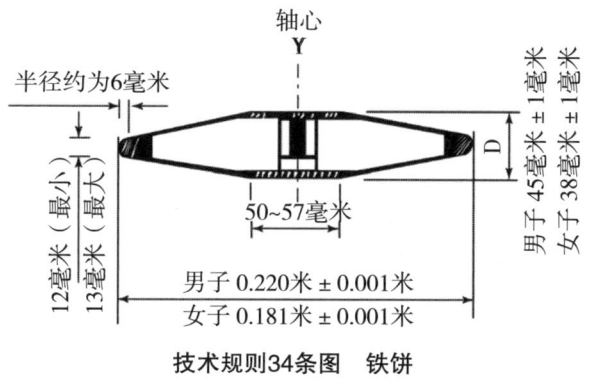

技术规则34条图　铁饼

34.2　铁饼应符合下列规格：

允许比赛使用和承认纪录的最小重量和直径范围：			
	1.000千克	1.500千克	1.750千克	2.000千克
金属圈外径：			
最小	180毫米	200毫米	210毫米	219毫米
最大	182毫米	202毫米	212毫米	221毫米

（续表）

饼心的直径：				
最小	50毫米	50毫米	50毫米	50毫米
最大	57毫米	57毫米	57毫米	57毫米
饼心的厚度：				
最小	37毫米	38毫米	41毫米	44毫米
最大	39毫米	40毫米	43毫米	46毫米
金属圈的厚度（距边沿6毫米处）：				
最小	12毫米	12毫米	12毫米	12毫米
最大	13毫米	13毫米	13毫米	13毫米

裁判员团队

铁饼比赛，建议裁判员的配置如下：

a. 主裁判，负责管控整个比赛。

b. 旗示和落点裁判员，判断试掷是否有效并对成绩进行测量。旗示裁判员必须携带两面旗子——白旗标示试掷成功，红旗标示试掷失败。测量成绩后，在铁饼回送和整理落地区时，建议裁判手握红旗站在护笼入口处。也可以将圆锥筒放在这个点来替代。（在某些比赛中，该职责由该项目主裁判承担）

如果不使用电子测距，另一名裁判员协助使用钢尺丈量，并保持尺子通过投掷圈的圆心。

c. 落点裁判员，在试掷后立即插放一个标志，指示从该点进行测量。如果铁饼落在落地区外，落点裁判员或负责插放铁钎/棱镜的裁判员（靠近铁饼落点一侧边线者）应举手指向界外。成功的投掷不必再做提示。

d. 丈量裁判员，将铁钎/棱镜插在以上标志的位置，确保零点对正标志。

e. 1名或多名器械回送裁判员或助手，取回器械，将其回送到器械架或通过回送设备送回。如果使用钢尺测量，落点裁判员或助手应确保卷尺拉紧，以保证准确测量。

f. 记录裁判员，记录成绩，并通知每名运动员（和下一名运动员）试掷。

g. 成绩显示屏裁判员（试掷轮次—运动员号码—试掷成绩）。

h. 时限裁判员，负责向运动员显示某次试跳时限。

i. 管理裁判员，负责运动员的管理。

j. 器械管理裁判，负责投掷器械的放置与管理。

注（i）：这是裁判团队的常规设置。在大型比赛中，需要专业人员操作数据系统、电子显示牌。需要明确的是，记录裁判员和数据系统均要完成跟踪田赛项目的比赛进程和记录成绩。

注（ⅱ）：裁判员的站位和设备的摆放既不能妨碍运动员比赛，也不能阻挡观众的视线。

注（ⅲ）：须在合理位置放置风标，用于显示风向和风力。

35. 铁饼护笼

35.1　所有的铁饼必须从挡网或护笼内掷出，以确保观众、裁判员和运动员的安全。本规则中规定的防护笼，适用于比赛场地内有其他项目同时比赛，或者在比赛场地外举行并且周围有观众存在的比赛。如果做不到这点，特别是在训练场地，结构更为简单的装置也可满足需要。如有需要，可向会员协会或世界田联办公室咨询，将得到合理的建议。

注（ⅰ）：技术规则37条中链球的防护笼也可用于铁饼投掷。既可安装一个直径分别为2.135米和2.50米的同心圆，也可将护笼的开口延长，在链球投掷圈前安装一个铁饼投掷圈。

注（ⅱ）：当链球的防护笼用于铁饼投掷，需使用护笼的可移动挡网来限制危险区域。

35.2　在设计、制造和维护铁饼护笼时，必须使其能够阻挡重量为2千克、以速度25米/秒飞行的铁饼。护笼的安放应使其消除铁饼弹出护笼、向运动员反弹或从护笼顶部飞出的危险。凡符合本条款所有要求的护笼，不论设计和结构如何均可使用。

35.3　护笼应按技术规则35条图所示设计成U字形。护笼开口的宽度为6米，位于投掷圈圆心前方7米处。护笼开口宽度6米需以挡网最前端内沿之间的距离为准。挡网或挂网最低点的高度应至少为4米，且两侧最前端3米内的挡网高度应为6米。

应在护笼的设计与施工中作出规定，防止铁饼从护笼或挡网连接处、挡网或挂网下方冲出。

注（ⅰ）：如果挂网距离投掷圈圆心的距离最小为3米，后面的挡网/挂网安放就不重要。

注（ⅱ）：如能提供同样或更佳角度的保护而不增大危险区，与常规设计相比具有革新式样的设计也可能得到世界田联的认证。

注（ⅲ）：为了更好地保护在铁饼比赛时临近跑道上比赛的运动员，特别是靠近跑道一边的护笼侧面可加长，和（或）配备一块（或多块）移动的挡板，和（或）增加高度。

挡网应固定牢，并确保在网的任何高度开口宽度都是相同的。这也适用于按技术规则37.4条注（ⅱ）设置挡网。

35.4　护笼挡网可采用适宜的天然材料或合成纤维，也可使用低碳钢丝或高抗张力钢丝。相邻的绳网最大中心距离为45毫米，相邻的钢丝网最大中心距离为50毫米。

注：对于护网的规格和安全检查程序在《世界田联场地设施手册》中有详细规定。

35.5　在同一场比赛中，运动员用左手或右手从护笼中掷出铁饼的最大危险扇形区大约为69°（通过假设铁饼是从半径为1.5米的外接圆中掷出计算得出），因此，护笼在比赛场地中的位置和方向对于安全使用极为重要。（技术规则35条图）

注（ⅰ）：对危险区域的确定方法在技术规则35条图中进行了展示。

注（ⅱ）：每个比赛场地，都应准备一份用于展示场馆危险区的平面图，根据每个投掷护笼的配置和方向，绘制每个投掷护笼位置的危险区域。

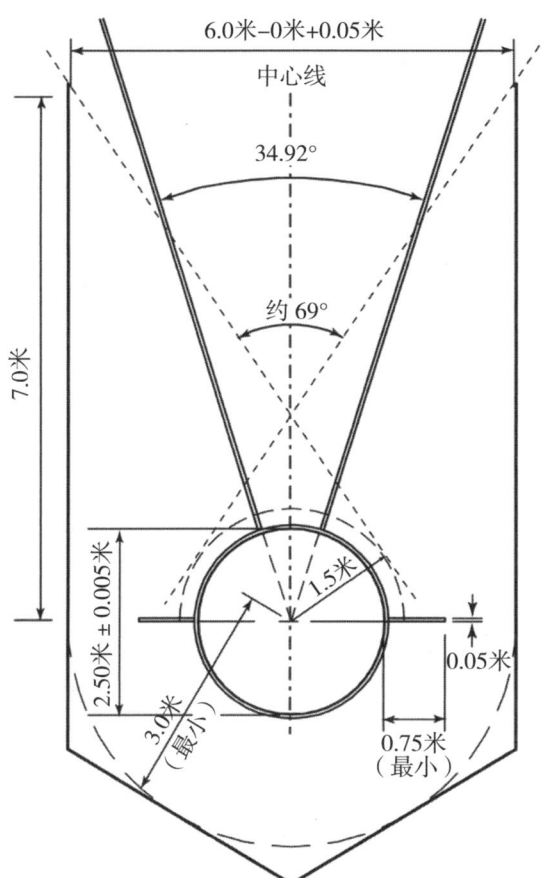

技术规则35条图　铁饼专用护笼

（包含护笼尺寸和到挡网距离）

36. 链球

比赛

36.1 运动员准备进行预摆或处于旋转前的开始姿势中，允许将链球球体放在投掷圈内或圈外的地面。

36.2 链球球体触及投掷圈内或投掷圈外的地面，或者投掷圈上沿，不应判为试掷失败。如果运动员未违反其他规则，可停止并重新开始投掷动作。

36.3 如链球在试掷时或在空中断脱，只要试掷符合规则，不应判为一次试掷失败。如果运动员因此失去平衡而违反本规则的任何规定，也不应判作一次试掷失败。以上两种情况，应允许运动员重新进行一次试掷。

链球

36.4 链球由3个主要部分组成，即一个金属球体、一条链子和一个把手。

36.5 链球球体应用实心铁、铜或硬度不低于铜的其他金属制成，或用此类金属制成外壳，中心灌铅或其他固体材料。不得有松动的部分。

球体重心至球中心的距离不超过6毫米，即将去掉把手和链子的球体放在一个水平方向、直径为12毫米的圆形口刃上，球体能够保持平衡［技术规则36条图（a）］。如果使用填充物，应使其不能移动，并符合对重心的要求。

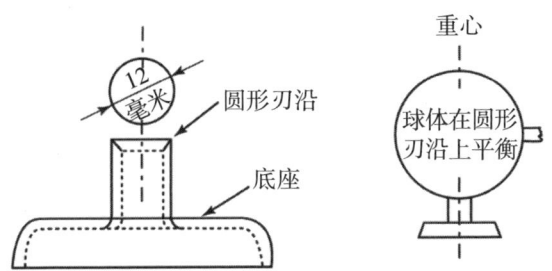

技术规则36条图（a）　建议使用的链球球体重心测量器

36.6　链子要用一根不易折断且直的有弹性的长钢丝制成。钢丝直径不小于3毫米，投掷时链子应无明显延长。

钢丝的一端或两端可弯成环状以便连接。链子应借助转动轴承与球体连接，转动轴承可为滑动轴承或滚球轴承。

注：可将一小段50毫米长、内径为5毫米的透明乙烯基管放置在钢丝扭曲部分的顶端。

36.7　把手必须质地坚硬，没有任何种类的铰链连接。当受到3.8千牛顿（kN）拉伸负荷时，把手的变形程度不超过3毫米。把手与链子的连接必须做到把手在链环中转动时，链球的总长度不得增加。把手与链子的连接应为环状连接，不得使用转动轴承。

把手应为对称设计，握把可为弧形或直柄和（或）环型。把手能承受的最小抗拉强度应为8千牛顿（kN）。［技术规则36条图（b）］

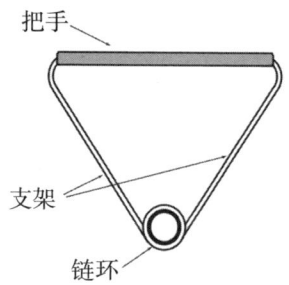

把手

支架

链环

技术规则36条图（b）　一般链球把手

注：其他符合规则的设计也可使用。

36.8　　链球应符合下列规范：

允许比赛和承认纪录的最小重量和直径范围：				
3.000千克	4.000千克	5.000千克	6.000千克	7.260千克
从把手内沿起算链球的全长：				
最大 1195毫米	1195毫米	1200毫米	1215毫米	1215毫米
球体的直径：				
最小 85毫米	95毫米	100毫米	105毫米	110毫米
最大 100毫米	110毫米	120毫米	125毫米	130毫米

注：*器械的重量为链球球体、链子和把手的总重量。*

裁判员团队

链球比赛，建议裁判员的配置如下：

a. 主裁判，负责管控整个比赛。

b. 旗示和落点裁判员，判断试掷是否有效并对成绩进行测量。旗示裁判员必须携带两面旗子——白旗标示试掷成功，红旗标示试掷失败。测量成绩后，在铁饼回送和整理落地区时，建议裁判手握红旗站在护笼入口处。也可以将圆锥筒放在这个点来替代（在某些比赛中，该职责由该项目主裁判承担）。

如果不使用电子测距，另一名裁判应协助使用钢尺丈量，并保持尺子通过投掷圈的圆心。

c. 落点裁判员，在试掷后立即插放一个标志，指示从该点进行测量。如果链球落在落地区外，落点裁判员或负责插放铁钎/棱镜的裁判（靠近链球落点一侧边线者）应举手指向界外。成功的投掷不必再做提示。

d. 丈量裁判员，将铁钎/棱镜插在以上标志的位置，确保零点对正标志。

e. 1名或多名器械回送裁判员或助手，取回器械，将其回送到器械架或通过回送设备送回。如果使用钢尺测量，落点裁判员或助手应确保卷尺拉紧，以保证准确测量。

f. 记录裁判员，记录成绩单，并通知每名运动员（和下一名运动员）试掷。

g. 成绩显示屏裁判员（试掷轮次—运动员号码—试掷成绩）。

h. 时限裁判员，负责向运动员显示某次试跳时限。

i. 管理裁判员，负责运动员的管理。

j. 器械管理裁判，负责投掷器械的放置与管理。

注（i）：这是裁判团队的常规设置。在大型比赛中，需要专业人员操作数据系统、电子显示牌。需要明确的是，记录裁判员和数据系统均要完成跟踪田赛项目的比赛进程和记录成绩。

注（ii）：裁判员的站位和设备的摆放既不能妨碍运动员比赛，也不能阻挡观众的视线。

37.　链球护笼

37.1　必须从挡网或护笼内将链球掷出，以确保观众、裁判员和运动员的安全。本规则中规定的防护笼，适用于比赛场地内有其他项目同时比赛，或者在比赛场地外举行并且周围有观众的比赛。如果做不到这点，特别是在训练场地，结构更为简单的装置也可满足需要。如有需要，可向会员协会或世界田联办公室咨询，将得到合理的建议。

37.2　在设计、制造、维护链球护笼时，应使其能够阻挡重量为7.260千克、以32米/秒的最大速度飞行的链球。护笼的安装应使其消除链球弹出护笼、向运动员反弹或从护笼顶部飞出的危险。凡符合本规则的要求，各种设计和结构的护笼均可使用。

37.3 护笼应按技术规则37条图（a）所示设计成U字形。护笼开口宽度应为6米，位于投掷圈圆心前方7米处。6米宽的开口的终点以活动挡网内沿为准。护笼后部挡网或挂网的最低点高度至少应为7米。至开口处的转轴前2.8米的挡网的高度至少应为10米。

应在护笼的设计与施工中作出规定，防止链球从护笼或挡网连接处、挡网或挂网下方冲出。

注（ⅰ）：投掷圈后方如何安装挡网及挂网并不重要，但挂网离投掷圈圆心距离至少要有3.50米。

注（ⅱ）：可使用任意数量的支柱支撑技术规则37条图所示位置的网。

37.4 护笼前端应放置两块活动挡网，每块宽2米，高至少应为10米，每次只能使用其中一块。

注（ⅰ）：左侧活动挡网适用于逆时针方向旋转的运动员（右手投掷者），右侧活动挡网适用于顺时针方向旋转的运动员（左手投

掷者）。左手和右手投掷者同场比赛时需要交替变动两侧挡网，因此，以最短的时间和最少的人力进行交替变动极为重要。

注（ii）：设计中显示了比赛期间任何时候只有一块活动挡网关闭时的两块活动挡网的最终位置。

注（iii）：操作时，活动挡网必须严格处于图例所示的位置。因此，设计活动挡网时必须带有将活动挡网固定在转动位置上的装置。建议在地面上设立一个操作活动挡网位置的标记（临时的或永久的）。

注（iv）：活动挡网的结构和操作方式取决于护笼的整体设计，可为滑动式，或与水平轴或垂直轴铰接，或可以拆卸。对活动挡网的唯一坚固性要求是挡网能够完全挡住链球的冲击，不得有链球从固定挡网和活动挡网之间冲出去的任何危险。

注（v）：与传统设计的护笼相比，新设计的护笼只要能提供相同或者更好的保护能力，而且不增加危险区域，也可能得到世界田联的认证。

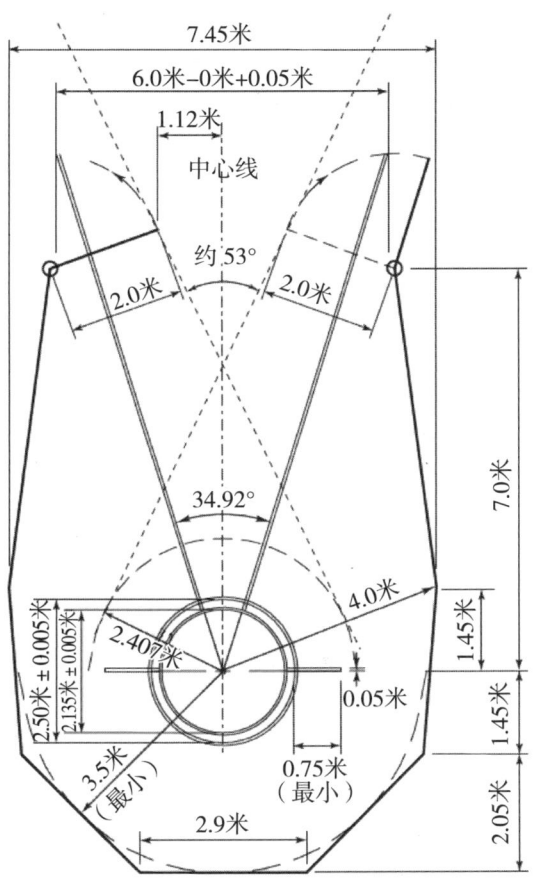

技术规则37条图（a） 带有同心圆的链球和铁饼护笼

（包含护笼尺寸和到挡网距离的右手投掷链球护笼布局）

37.5 制作护笼的挡网可采用合适的天然材料或合成纤维索，也可采用低碳钢丝或高抗张力钢丝。相邻的绳网最大中心距离为45毫米，相邻的钢丝网最大中心距离为50毫米。

注：有关挡网及挂网的规格及安全验查程序在《世界田联田径场地设施手册》中有详细规定。

37.6 如要使用同一护笼投掷铁饼，有两种安装方法可供选择。最简单的方法是安装一个直径分别为2.135米和2.50米的同心圆投掷圈，使链球投掷和铁饼投掷使用同一个圈内地面。在链球护笼内投掷铁饼时，应将活动挡网完全打开和固定。［技术规则37条图（b）］

另一种方法是在同一个护笼内将掷链球圈和掷铁饼圈分开设置。两个投掷圈必须纵向排列在落地区中轴上。铁饼投掷圈圆心在链球投掷圈圆心前面2.37米处。在这种情况下，为了延长护笼两侧，活动挡网应用于铁饼项目。［技术规则37条图（c）］

注：投掷圈后方如何安放挡网及挂网并不重要，但挂网至同心投掷圈圆心或分开设置的链球投掷圈圆心的距离至少有3.5米（或根据2004年前的规则，铁饼投掷圈在后，挂网至铁饼投掷圈圆心的距离至少3米）（另见技术规则37.4条）。

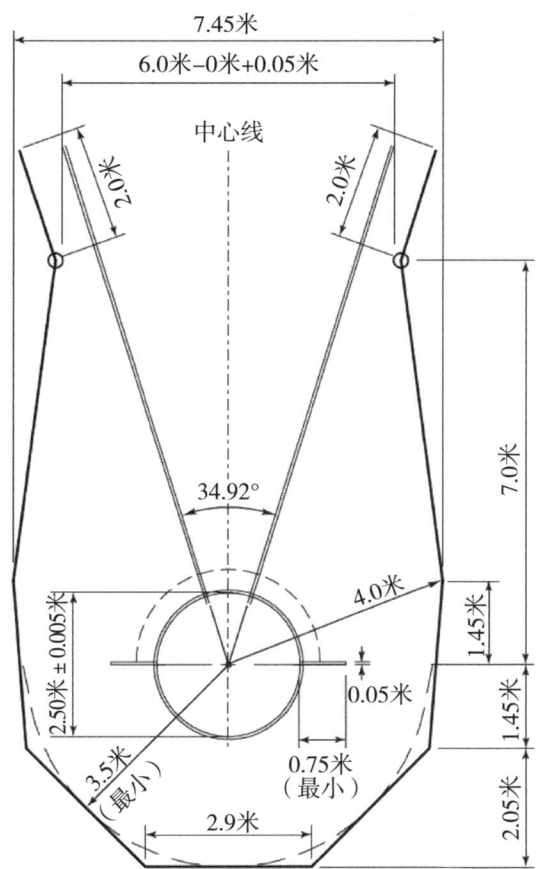

技术规则37条图（b） 带有同心圆的链球和铁饼护笼

（包含护笼尺寸和到挡网距离的铁饼护笼布局）

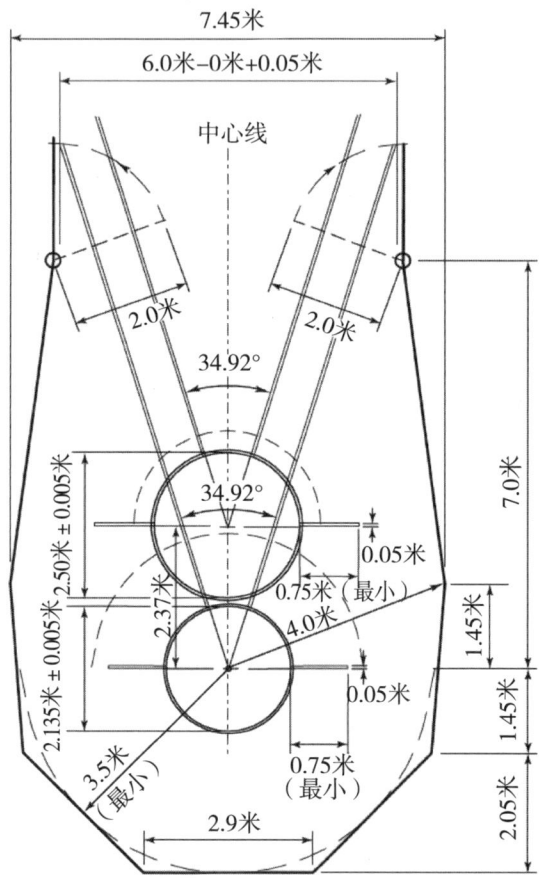

技术规则37条图（c） 带独立投掷圈的链球和铁饼护笼
（包含护笼尺寸和到挡网距离）［仅当铁饼圈在链球圈前面
时。对于链球比赛，开口应如技术规则37条图（a）所示］

37.7　同场比赛中用左手和右手投掷的运动员，从这种护笼内投掷链球的最大危险区约为53°（通过假设链球从半径为2.407米的外接圆中掷出计算得出）。因此，护笼在比赛场地中的位置和方向对于安全使用极为重要。

注（i）：对危险区域的确定方法在技术规则37条图（a）中进行了展示。

注（ii）：在每个比赛场地，都应准备一份用于展示场馆危险区的平面图，根据每个投掷护笼的配置和方向，绘制每个投掷护笼位置的危险区域。

38.　标枪

比赛

38.1　投掷标枪时应用单手握在把手处，从肩部或投掷臂上臂的上方掷出，不得抛甩。不得采用非传统姿势进行投掷。

38.2　只有标枪的金属枪头先于标枪的其他部位触地，试掷方为有效。

以前规则中对于"标枪头"的参考要求被删除了，目前对其只有一般性的参考要求。这表示对于形状差异较大的标枪头部，分别规定"标枪头"比较困难。这就要求裁判员根据技术规则32.16条、38.2条和关于测量要求的技术规则32.20.2条对标枪落地正确与否进行判罚评定。但是原则和以前一样，标枪落地必须具有一定的角度，哪怕是很小的角度，也可判为有效。标枪水平落地或尾部先落地仍然应该举起红旗。

38.3　运动员试掷时，在标枪出手以前的任何时间，身体不得完全转向背对投掷弧。

　　　注：本规则指的是助跑和投掷动作中，而不是指运动员在投掷开始前或投掷中断后走回来的动作。

38.4　如果标枪在试掷时或在空中飞行时折断，只要该次试掷符合规则要求，不应判为试掷失败。如果运动员因此失去平衡而违反本规则的任何规定，也不应判作一次试掷失败。以上两种情况应允许运动员重新进行一次试掷。

标枪

38.5　标枪由3个主要部分组成，即枪身、枪头和缠绳把手。

38.6　枪身可为实心或空心，由金属或其他适宜的类似材料制成，以组成一个固定的整体。枪身表面不得有凹窝、凸起、沟槽、突脊、空洞、粗糙，枪尾必须自始至终平滑和均匀一致（见技术规则33.4条）。

38.7　枪头固定于枪身，末端尖形，应完全由金属制成。可在枪头前端焊接一个其他合金的加固枪尖，但整个枪头表面必须平滑和均匀一致（见技术规则33.4条）。枪尖张角不得大于40°。

　　　注：出于安全考虑，在测量标枪尖端角度时，可以忽略距离尖端3毫米以内的金属头。

38.8　绳索把手须包绕标枪重心，其平均直径不得超过枪身直径8毫米。把手表面应为规则的不光滑型，但不得有任何种类的绳头、结节或呈锯齿形。把手的厚度应均匀。

38.9　标枪所有部位横断面应为规则的圆形［见注（ⅰ）］。枪身最大直径应在紧靠把手前端的地方。枪身中央部位，包括把手下面的部分，应为圆柱形或向枪尾方向稍微变细。但把手前后临近部位，枪身直径减小不得超过0.25毫米。从把手处起，标枪应有规律地向两端逐渐变细。从把手至标枪前后两端点的纵剖面应为直线或略有凸起［见注（ⅱ）］，除了在枪头与枪身的结合部位和把手前后两端，枪身任何部位的直径均不得有突然改变。枪头后部直径的减小不得超过2.5毫米。

注（ⅰ）：标枪整体横断面应呈圆形，任何部位最大直径和最小直径允许的误差不超过2%。两个直径的平均值必须符合圆形标枪的规格，并要符合以下表格的要求。

注（ⅱ）：使用长至少为500毫米的金属直规和两把厚度分别为0.20毫米和1.25毫米的塞尺，可以迅速、简便地检查标枪纵剖面的形状。对于纵剖面有稍稍凸起的部分，将直规紧贴这一小段，直规可有轻微晃动。对于纵剖面的直线部分，直规紧贴这一部分时，直规与标枪贴紧的部分，不能塞进0.20毫米

的塞尺。在紧靠枪头与枪身结合处的后面这一部位，上述方法不适用，此处塞不进1.25毫米的塞尺。

38.10 标枪应符合以下规格：

允许比赛和承认纪录的最小重量和直径范围（包括绳索把手）：				
	500克	600克	700克	800克
标枪全长（L0）：				
最小	2000毫米	2200毫米	2400毫米（2400毫米*）	2600毫米
最大	2100毫米	2300毫米	2500毫米（2500毫米*）	2700毫米
枪尖至重心距离（L1）：				
最小	780毫米	800毫米	850毫米（850毫米*）	900毫米
最大	880毫米	920毫米	990毫米（990毫米*）	1060毫米
枪尾至重心距离（L2）：				
最小	1120毫米	1280毫米	1410毫米（1410毫米*）	1540毫米
最大	1320毫米	1500毫米	1640毫米（1640毫米*）	1800毫米
金属枪头长度（L3）：				
最小	220毫米	250毫米	250毫米	250毫米
最大	270毫米	330毫米	330毫米	330毫米
把手宽度（L4）：				
最小	135毫米	140毫米	150毫米	150毫米
最大	145毫米	150毫米	160毫米	160毫米
枪身最粗处直径（在把手前-D0）：				
最小	20毫米	20毫米	23毫米	25毫米
最大	24毫米	25毫米	28毫米	30毫米

*2023年8月修订，自2025年4月1日起生效。

38.11 标枪不得有可移动部分，或投掷时可以改变其重心或投掷性能的装置。

38.12 标枪头张角不得大于40°。距枪尖0.15米处，枪头直径不得大于枪身最大直径的80%。在重心至枪尖的中点处，枪身直径不得大于枪身最大直径的90%。（技术规则38条图）

38.13 在标枪重心至枪尾末端的中点处，枪身直径不得小于枪身最大直径的90%。在距枪尾末端0.15米处，枪身直径不得小于枪身最大直径的40%。枪尾末端直径不小于3.5毫米。

裁判员团队

标枪比赛，建议裁判员的配置如下：

a. 主裁判，负责管控整个比赛。

b. 旗示和落点裁判员，判断试掷是否有效并对成绩进行测量。旗示裁判必须携带两面旗子——白旗标示试掷成功，红旗标示试掷失败。测量成绩后，在标枪回送和整理落地区时，建议裁判手握红旗站在助跑道上。也可以将圆锥筒放在这个点来替代（在某些比赛中，该职责由该项目主裁判承担）。

如果不使用电子测距，另一名裁判员协助使用钢尺丈量，并保持尺子通过助跑道的8米标志点。

c. 1~2名落点裁判员，在试掷后立即插放一个标志，指示从该点进行测量。如果标枪落在落地区外，落点裁判员或负责插放铁钎/棱镜的裁判员（靠近标枪落点一侧边线者）应举手指向界外。在标枪没有以"枪头领先"的方式着地时也应做特定的手势。建议使用其他形式而不是用旗示进行此类沟通，成功的投掷不必再做提示。

d. 丈量裁判员，将铁钎/棱镜插在以上标志的位置，确保零点对正标志。

e. 1名或多名器械回送裁判员或助手，取回器械，将其回送到器械架或通过回送设备送回。如果使用钢尺测量，落点裁判员或助手应确保卷尺拉紧，以保证准确测量。

f. 记录裁判员，记录成绩单，并通知每名运动员（和下一名运动员）试跳。

g. 成绩显示屏裁判员（试掷轮次—运动员号码—试掷成绩）。

h. 时限裁判员，负责向运动员显示某次试跳时限。

i. 管理裁判员，负责运动员的管理。

j. 器械管理裁判，负责投掷器械的放置与管理。

注（ⅰ）：这是裁判团队的常规设置。在大型比赛中，需要专业人员操作数据系统、电子显示牌。需要明确的是，记录裁判员和数据系统均要完成跟踪田赛项目的比赛进程和记录成绩。

注（ⅱ）：裁判员的站位和设备的摆放既不能妨碍运动员比赛，也不能阻挡观众的视线。

注（ⅲ）：须在合理位置放置风标，用于显示风向和风力。

长度		直径		最大	最小
L0	全长	D0	把手前端的枪身	—	—
L1	枪尖至重心	D1	把手后端的枪身	D0	D0-0.25毫米
1/2L1	L1的二分之一	D2	距枪尖150毫米处	0.8 D0	—
L2	枪尾至重心	D3	枪头后端	—	—
1/2L2	L2的二分之一	D4	紧接枪头后端处	—	D3-2.5毫米
L3	枪头	D5	枪尖至重心的中点	—	—
L4	把手	D6	把手	D0+8毫米	—
		D7	枪尾至重心的中点	0.9 D0	0.9 D0
		D8	距枪尾末端150毫米处	—	0.4 D0
C of G	重心	D9	枪尾末端	—	3.5毫米

技术规则38条图 用于国际比赛的标枪

注: 所有参数的测量应该精确到0.1毫米。

第四部分　全能项目比赛

39.　全能项目比赛

少年男子U18、青年男子U20和成年男子（五项和十项全能）

39.1　五项全能包括5个单项，须在同一天按下列顺序进行：跳远、标枪、200米、铁饼、1500米。

39.2　男子十项全能包括10个单项，须在连续的两个24小时内按下列顺序举行：

第一天：100米、跳远、铅球、跳高、400米。

第二天：110米栏、铁饼、撑竿跳高、标枪、1500米。

青年女子U20和成年女子（七项和十项全能）

39.3　七项全能包括 7个单项，须在连续的两个24小时内按下列顺序举行：

第一天：100米栏、跳高、铅球、200米。

第二天：跳远、标枪、800米。

39.4　女子十项全能包括10个单项，须在连续的两个24小时内按技术规则39.2条的顺序或者下列顺序举行：

第一天：100米、铁饼、撑竿跳高、标枪、400米。

第二天：100米栏、跳远、铅球、跳高、1500米。

青年女子U18七项全能（仅有七项全能）

39.5　少年女子U18七项全能包括7个单项，须在连续的两个24小时内按下列顺序举行：

第一天：100米栏、跳高、铅球、200米。

第二天：跳远、标枪、800米。

总则

39.6　在可能的情况下，全能裁判长有权决定给予任何运动员在上一项比赛结束后至下一项比赛开始前至少30分钟的休息时间。如有可能，在第一天的最后一项比赛结束到第二天第一项比赛开始应至少给运动员10小时的休息时间。

最少30分钟时间的计算是从任何一名运动员的前一项目比赛或试跳（掷）结束至下一项目比赛或试跳（掷）开始的实际时间。运动员在结束一个项目比赛后，直接进入下一个项目的热身是可能的，也是常见的。因此，30分钟实际上包括从一个比赛区域到下一个比赛地点及热身的时间。全能比赛在进行过程中不得改变比赛天数，除非由于某些特殊情况而改变（如极端天气条件等）。由技术代表和（或）裁判长根据各种特殊情况作出这种决定。但是，如果由于任何原因，比赛时间比根据技术规则39条或53条更长，则全能项目的纪录（项目总分）不予批准。

39.7　　除最后一项外，全能比赛每个单项的分组要由技术代表或全能裁判长安排，如有可能，须将在预先规定的时间内每个单项成绩相近的运动员们分在同组。各组运动员人数最好为5人或5人以上，但不得少于3人。如由于竞赛日程不能实现以上要求，则可在前一项比赛结束后，对已满足比赛时间要求的运动员进行下一项分组。

全能比赛最后一项的分组，应将倒数第二项比赛后积分领先的运动员分在最后一组。

如果技术代表或全能裁判长认为这是合适的，则有权重新排列任何分组。

39.8　　各单项的比赛规则均适用于全能各项目的比赛，但以下情况除外：

39.8.1　　跳远及各投掷项目，每名运动员只能试跳（掷）3次。

39.8.2　　当未使用全自动计时和终点摄影系统时，每名运动员要由3名手动计时员独立计取比赛时间。

39.8.3　　在径赛项目中，每组比赛只允许一次起跑犯规而不取消该次犯规运动员的比赛资格，之后任何1名或多名运动员在比赛中再次起跑犯规将被发令员取消该项目的比赛资格（另见技术规则16.9条）。

39.8.4　在高度跳跃项目比赛中，横杆每次提升的高度自始至终应是固定的：跳高3厘米，撑竿跳高10厘米。

39.8.5　全能比赛最后一项的起跑位置或道次，可由技术代表或全能裁判长自行决定。在200米、400米项目中，按技术规则20.3.1条对运动员进行排名后，要按技术规则20.4.4条和20.4.5条分别抽签。在所有其他比赛项目中，要抽签决定。

39.9　全能各单项比赛只能始终使用一种计时方法。然而在承认纪录时，要使用全自动计时和终点摄影系统计取的成绩，不管这种计时成绩对该项目的其他运动员是否可用。

为此，执行技术规则19.1.1条和19.1.2条规定的两种计时方式均应该被承认。

例如，如果终点摄影计时系统发生故障，部分运动员采用了该计时方法，而并不是所有运动员都采用了该计时方法。因此，不可能将两个系统（手计时和自动计时系统）时间的得分直接进行对比。

由于根据技术规则39.9条，在比赛中，在任何单项中只能应用一种计时系统。在这种情况下，所有运动员可以使用特定的手动计时表格依据人工计时时间确定自己的得分。

需要明确的是，如果所有运动员在其他项目比赛中均使用了终点摄影计时系统，这些项目应对照电子计时评分表核查分数。

39.10　在任何一个单项比赛中，如果某运动员未能参加起跑或试跳（掷），则不能参加后续项目的比赛，按放弃比赛处理，不能计算总成绩。

任何决定退出全能比赛的运动员，要立即将其决定通知全能裁判长。

39.11　每一个单项比赛结束后，裁判员要根据世界田联现行全能项目评分表向全体运动员宣布该单项得分和各项的累积分。

运动员要按照获得的总分顺序排列。

每一个单项都应该使用同样的评分表，即使青少年组别的比赛栏架和投掷器械的规格不同于成年组别比赛。

径赛或田赛的比赛成绩均可在对应的评分表中核查得分。在很多项目中，并不是所有成绩的时间或距离都会在评分表中列出，在这种情况下，应计取最接近的较低成绩对应的积分。

示例：在女子标枪项目中没有45.82米成绩对应的积分，评分表中查到最接近的较低距离成绩是45.78米，对应的积分是779分。

39.12　当组织者决定在全能比赛最后一项中采用岗德森法（或类似的方法）起跑时，在相关竞赛规程中应对采用的起跑方法和特定规则作详细说明。

39.13　如果在比赛中2名或多名运动员，在任何名次上获得了相等的积分，应判定名次并列。

第五部分　200米标准椭圆形跑道体育场（短道）比赛

40.　400米标准椭圆形跑道体育场规则对短道比赛的适用条款

除本部分（第五部分）另有规定的情况，以及在封闭和有顶棚的设施中比赛时需遵守技术规则17条和29条中风速测量的要求外，规则第一至第四部分的400米标准椭圆形跑道体育场比赛规则也适用于短道比赛。

41.　短道体育场

41.1　运动场馆可被完全封闭和覆盖。如果被封闭和覆盖，则要为比赛提供符合条件的照明、供暖和通风设备。

41.2　比赛场地应包括一个椭圆形跑道，一个用于短跑和跨栏的直道，以及用于跳跃项目的助跑道和落地区。此外，应提供铅球比赛使用的永久性或临时性的投掷圈和扇形落地区。所有的设施都要符合《世界田联田径场地设施手册》的要求。

41.3　所有跑道、助跑道和起跳区均要用人工合成材料覆盖，并适合使用长度为6毫米的钉鞋（另见运动鞋规程11）。跑道制造商或体育场运营商可允许使用最大9毫米的钉鞋。

举行世界排名比赛定义1.（a）（b）（c）和2.（a）（b）所述短道田径比赛，其场地设施应有世界田联短道田径场地设施证书。建议举行世界排名比赛定义1.（d）（e）和2.（c）（d）（e）所述比赛，如果有可能，也要在这样的场地上举行。

41.4　　所有跑道、助跑道和起跳区合成材料覆盖的基层必须坚固，如混凝土等，如果是悬空结构（如木板或合成板托架），则不能有任何特殊的弹性部分，并在技术上要尽可能使每条助跑道各处的弹性保持一致。每次比赛前，须对起跳区的弹性进行检查。

　　注：　"弹性部分"是任何为运动员提供额外帮助而特意设计或建造的部分。

注（i）：《世界田联田径场地设施手册》中包含更多详细和明确的短道体育场馆的布局、结构的技术信息，包括跑道测量和画线的图表。《世界田联田径场地设施手册》可以从世界田联办公室获得，或从世界田联官方网站下载。

注（ii）：认证申请和测量报告所使用的现行标准表格以及认证系统程序，可向世界田联办公室索取或从世界田联官方网站下载。

缺乏适宜的照明是有顶棚的体育场馆比赛中普遍存在的问题。在有顶棚的体育场馆内比赛，必须有适宜的灯光照明，以确保比赛正确、公平地进行，如果有电视转播，则对照明水平可能有更高的要求。终点线区域需要额外的照明用于全自动计时。

42. 直道

（见400米标准椭圆形跑道体育场比赛规则和《世界田联田径场地设施手册》。）

43. 椭圆跑道和分道

椭圆跑道

43.1 标准跑道的长度为200米（"200米标准椭圆形跑道"）。它应由两个平行的直道和两个可呈斜坡状的弯道组成，弯道半径应相等。

跑道内沿要用适宜材料制成高、宽各50毫米的突沿，或用50毫米宽的白线标出。以突沿或白线的外沿作为第1分道的内侧边沿。跑道突沿或白线的内沿要始终与跑道保持在同一水平面上。然而，这一突沿或白线可位于斜坡上，这样，斜坡的枢轴线在斜坡长度内要始终保持在同一水平面上。

注：所有场地的测量应根据技术规则14.2条的相关要求执行。

分道

43.2 弯道上的分道应最少4条道，最多6条道。各分道宽度须相同，分道宽在0.90~1.10米，分道宽包括右侧分道线。各分道应该宽度相同，公差为 ± 0.01米。各分道要用50毫米宽的白线分隔。

坡形跑道

43.3 在任意一处坡道横断面上，所有分道的倾斜角度应相同。直道部分可以是平坦的，或朝向内侧跑道的最大横向倾斜度为1：100（1%）。

为使从直道进入坡形弯道的变化较为平缓，可通过一个平滑的逐渐水平过渡段实现，而这个过渡段可以延伸到直道上。此外，还应该有一个垂直过渡段。

内沿标记

43.4 如以白线作为跑道内沿，还须在弯道和需要的直道上另外用锥形物或小旗作为标记。锥形物高至少0.15米。小旗尺寸约为0.25米×0.20米，高至少0.45米，远离跑道与地面成60°。锥形物或小旗要放置在白线上，使锥形物或小旗的底部边沿与离跑道最近一侧的白线边沿重合。锥形物或小旗的安放间距在弯道上不要超过1.5米，如果在直道上使用不要超过10米。

注：所有由世界田联直接管辖的短道比赛，强烈建议使用内突沿。

椭圆跑道可以超过200米，但是200米或更长距离项目的任何纪录不会被承认。为了组织高水平的赛事，将采用6条分道。椭圆跑道理想的分道宽度为1米。

放置小旗或锥形物时，必须考虑到第1分道内沿的白线不属于在该跑道上的运动员。短道比赛首选和推荐使用锥形物。

44. 椭圆跑道上的起点和终点

44.1 《世界田联田径场地设施手册》中详细规定了标准倾斜短道椭圆形跑道建造和标记的技术信息。下面给出的是要采用的基本原则。

基本要求

44.2 比赛的起、终点线应用50毫米宽的白线标出，并与直道部分的分道线成直角，在弯道上的起、终点线应沿弯道半径方向标出。

44.3 对终点线的要求如下：在可能的情况下，所有不同距离的径赛应只设一个终点，终点必须设置在跑道的直段上，在终点之前应为尽可能多的直道。

44.4 对于所有直道上的、梯形的和弧形的起跑线的基本要求是，使每一位运动员沿允许的最短路线跑进时，跑的距离要完全相等。

44.5 起跑线（和接力区标志线）应尽可能不设在坡道的最陡处。

比赛的进行

44.6 对比赛进行的要求如下：

44.6.1 300米和300米以下的项目，须自始至终为分道跑。

44.6.2 300米以上和800米以下的项目，须分道起跑，并在分道内跑至第二个弯道末的抢道标志线。

44.6.3 800米比赛时，运动员可被分配指定的分道起跑，或最多2名运动员共用1条分道，也可分组同时起跑，根据技术规则17.5.2条，分组起跑时最好使用第1分道和第4分道。在这些情况下，运动员可以在第一个弯道末的抢道线后选择并道，在外侧起跑的运动员可以并入内侧起跑组，或者如果比赛采用两个弯道分道跑，则运动员可在第二个弯道末的抢道线后离开各自分道。也可采用一条弧形起跑线。

注（ⅰ）：举办世界排名比赛定义1.（e）和2.（e）所述的比赛，参赛队可达成协议，800米比赛采用不分道跑。

注（ⅱ）：当跑道的分道少于6条时，分组起跑可允许6名运动员一同参加比赛。

44.6.4 800米以上项目须采用弧形起跑线的不分道起跑，或分组同时起跑。如采用分组起跑，抢道线须在第一个或第二个弯道末。

如运动员不遵守此条规定，将被取消比赛资格。

抢道线应为一条弧线，宽50毫米，横跨除第1分道外的所有跑道。为了帮助运动员确认抢道线，可在各分道线与抢道线的交界处之前放置小的锥形物、棱柱体或其他适合的标志物（50毫米×50毫米），并且这些标志物最大高度为0.15米，要与抢道线和分道线的颜色不同。

200 米标准跑道的起点和终点线

44.7　第1分道起跑线应在主要的直道上。确定它的位置时，应使最外道的梯形起跑线（400米赛跑）处于坡道倾斜角不超过12°的位置上。

在椭圆跑道上，所有径赛的终点线应是第1分道起跑线的延长线，并与跑道垂直相交，与分道线成直角。

《世界田联田径场地设施手册》中"跑道标志的规划"注明了跑道使用标志线的颜色。

45.　径赛项目道次的排序和抽签

45.1　排名和分组须遵照技术规则20.3条的规定。

注（ⅰ）：如果在适用的竞赛规程中没有规定或者组织者没有作其他决定，可使用在世

界田联官方网站上公布的晋级的赛次数、每赛次的组数，以及晋级方法的表格。

注（ii）：适用的规程可以规定，如何由晋级赛后排名靠后的运动员填补因半决赛和决赛有人退赛而产生的空缺位置。

45.2 跑弯道的全程或部分分道跑的所有赛次所有项目，如果有后续赛次比赛，应通过3次抽签决定道次。

45.2.1 一是决定排前两名的运动员或队排在外侧两道。

45.2.2 二是决定排第三和第四名的运动员或队排在中间两道。

45.2.3 最后是决定其余的运动员或队排在剩下的内侧道。

45.3 其他各项比赛的运动员道次，应按技术规则20.4.1条、20.4.2条、20.4.3条和20.5条的规定抽签决定。

如果跑道的分道具有不同的布局，则比赛分道安排表应根据具体的技术规程制定，如果没有相关规定则由技术代表或组织者决定。

46. ［此处留空待续］

47. 跨栏跑

47.1 跨栏跑的标准距离为50米或60米，在直道上进行。

47.2 比赛栏架的设置：

	少年男子（U18）	青年男子（U20）	成年男子	少年女子（U18）	青年女子（U20）、成年女子
栏架高度	0.914米	0.991米	1.067米	0.762米	0.838米
比赛距离	50米/60米				
栏架数量	4个 / 5个				
起跑线至第一栏	13.72米			13.00米	
栏间距离	9.14米			8.50米	
最后一栏距终点	8.86米/ 9.72米			11.50米/13.00米	

48. 接力跑

比赛的进行

48.1 在4×200米比赛中，第一棒的全程和第二棒第一个弯道，直至技术规则44.6条所述的抢道线后沿应为分道跑。每个接力区长20米，第二、三、四棒的运动员要在各自接力区内起跑。

48.2 4×400米比赛须根据技术规则44.6.2条进行。

48.3 4×800米比赛须根据技术规则44.6.3条进行。

48.4 4×200米比赛中第三、四棒，以及4×400米和4×800米比赛中的第二、三、四棒等待接棒的运动员，要在指定裁判员的指示下，按照各队进入最后一个弯道的先后顺序（由内向外）排列各自的接棒位置。一旦传棒运动员跑过此点，接棒运动员须保持其排列顺序，在接力区开始处不可交换位置。如果运动员不遵守本规则，将取消其接力队的比赛资格。

注：由于分道狭窄，短道接力赛比400米标准椭圆形跑道接力赛更容易发生碰撞和意外的阻挡现象。因此，在条件允许时，建议相邻两队之间留出一条空道。

49. 跳高

助跑道和起跳区

49.1　如果使用可移动的垫子，规则中提及的所有起跳区平面都必须解释为垫子顶面的平面。

49.2　运动员可从椭圆跑道的坡道上开始助跑，但助跑的最后15米应在符合技术规则27.3条、27.4条和27.5条规定的助跑道上进行。

50. 撑竿跳高

助跑道

运动员可从椭圆跑道的坡道上开始助跑，但助跑的最后40米应在符合技术规则28.6条和28.7条规定的助跑道上进行。

51.　　水平跳跃

助跑道

运动员可从椭圆跑道的坡面上开始助跑，但助跑的最后40米应在符合技术规则29.1条和29.2条规定的助跑道上进行。

52.　　铅球

铅球落地区

52.1　　铅球落地区须用铅球落地时能留下痕迹并能使反弹减小到最低限度的适宜材料建成。

52.2　　为了确保观众、裁判员和运动员的安全，落地区远端和两侧要用挡网/防护网围起，设置的挡网可尽量靠近投掷圈，建议挡网的最低高度应为4米，以便能挡住正在飞行或从落地区表面反弹的铅球。

52.3　　如果比赛场地空间有限，挡网包围的场地可能不足以容纳完整的34.92°的扇形落地区，下列条款适用于此类情况。

52.3.1　　在目前男子、女子铅球世界纪录位置之外至少0.50米的地方设置挡网。

52.3.2　　落地区两侧标志线必须和34.92°扇形落地区的中轴线对称。

52.3.3　　落地区标志线以34.92°的角度自

铅球投掷圈圆心向外放射，直到落地区宽至少9米。从那里开始，它们与扇形落地区中心线平行。

建议两侧的挡网/防护网应向投掷圈延伸，使其距投掷圈8米的范围内开始延伸，对于这些延伸的部分，挡网高度应至少为6米。

铅球的构造

52.4 根据落地区的类型（见技术规则52.1条），铅球既可为实心金属或是金属外壳，也可以是装有合适填充物并用软塑料或橡胶制作外壳。在同一场比赛中不得使用两种类型的铅球。

实心金属或金属外壳的铅球

52.5 这两种铅球应符合技术规则33.4条和33.5条中的规定。

塑料或橡胶外壳的铅球

52.6 当落地区为普通的运动地板时，铅球须为软塑料或橡胶外壳，并装有合适填充物，使铅球落地时不至于损坏地板。铅球外形须为球形，表面须光滑。

制造商信息：为使表面光滑，球体表层平均起伏度应小于或等于1.6微米，即粗糙度为N7或更小。

52.7 这类铅球须符合下列规格：

比赛用和承认纪录的铅球的最小重量：

直径	3.000千克	4.000千克	5.000千克	6.000千克	7.260千克
最小	85毫米	95毫米	100毫米	105毫米	110毫米
最大	120毫米	130毫米	135毫米	140毫米	145毫米

53. 全能比赛

少年男子（U18）、青年男子（U20）和成年男子（五项全能）

53.1 五项全能包括5个单项，须在一天内按下列顺序举行：

60米栏、跳远、铅球、跳高、1000米。

少年男子（U18）、青年男子（U20）和成年男子（七项全能）

53.2 七项全能包括7个单项，须在连续的两个24小时内按下列顺序举行：

第一天：60米、跳远、铅球、跳高。

第二天：60米栏、撑竿跳高、1000米。

少年女子（U18）、青年女子（U20）和成年女子（五项全能）

53.3 五项全能由5个项目组成，按下列顺序在一天中完成：

60米栏、跳高、铅球、跳远、800米。

分组

53.4　　每组运动员最好为4人或4人以上，不得少于
　　　　3人。

第六部分　竞走项目

54.　　竞走

距离

54.1　　短道项目的标准距离为：3000米、5000米；400米标准椭圆形跑道项目的标准距离为：5000米、10000米、20000米、35000米、50000米；公路赛道项目的标准距离为：10公里、20公里、35公里、50公里。（自2026年1月1日起生效：短道比赛的标准距离为：3000米、5000米；400米标准椭圆形跑道项目的标准距离为：5000米、10000米、半程马拉松、马拉松、50000米；公路赛道项目的标准距离为：10公里、半程马拉松、马拉松、50公里。）

竞走定义

54.2　　竞走是运动员用双脚与地面保持接触，连续向前迈进的过程，没有（人眼）可见的腾空。前腿从脚触地瞬间至垂直部位必须伸直（即膝关节不得弯曲）。

执裁

54.3　　执裁方法如下：

54.3.1　　如果事先没有指派竞走主裁判，要在指派的竞走裁判员中选出一人为主裁判。

54.3.2　所有竞走裁判员均应独立行使其工作职责，要以眼睛观察为依据进行判罚。

54.3.3　竞走裁判应按照竞赛规则9条的相关规定任命。

54.3.4　在公路比赛中，通常情况下，包括主裁判在内的裁判员最少为6人，最多为9人。

54.3.5　在场地竞走比赛中，通常情况下，包括主裁判在内的裁判员应为6人。

54.3.6　在举行世界排名比赛定义1.（a）和（b）所述比赛中，每个国家或地区最多只能有1名裁判员（主裁判除外）执裁。

注：在当前的世界田联金级、银级、铜级竞走裁判员名单中，要正确标明每位裁判员的协会隶属关系。

主裁判

54.4　主裁判，如下：

54.4.1　在所有世界排名比赛中，当运动员的行进方式明显违反了技术规则

54.2条的定义时，不论该运动员此前已收到的红卡数量有几张，主裁判有权在比赛的最后100米取消该运动员的比赛资格。在这种情况下，被主裁判取消比赛资格的运动员允许完成本次比赛。主裁判或主裁判助理应在运动员完成比赛后尽早向该运动员出示红牌，以通知该运动员被取消比赛资格。

54.4.2　竞走主裁判应行使比赛监督官员的权力，并仅在出现规则54.4.1条所述的特殊情况下才能行使竞走裁判员的权力。在举行世界排名比赛定义1.（a）（b）（c）和2.（a）（b）所述比赛中，应指派2名或多于2名竞走主裁判助理。主裁判助理仅帮助通知被取消比赛资格的运动员，不能行使竞走裁判员的权力。

54.4.3　在举行世界排名比赛定义1.（a）（b）（c）和2.（a）（b）所述比赛和其他比赛中，如有可能，要指派1名负责红卡公告牌的裁判员和1名主裁判的记录员。

黄牌

54.5　当竞走裁判员认为运动员的行进方式不完全

符合技术规则54.2条的规定时，如有可能，该裁判员应向运动员出示两面都有犯规标志的黄牌予以警告。

同一名裁判员不能对同一名运动员相同的犯规出示第二次黄牌。对运动员出示黄牌后，该裁判员须在赛后向竞走主裁判报告该运动员的犯规行为。

红卡

54.6　当竞走裁判员在比赛的任何阶段观察到运动员的行进方式不符合技术规则54.2条的规定时，并表现出明显可见的腾空或膝关节弯曲，该裁判员须将一张红卡送交主裁判。

取消比赛资格

54.7　取消比赛资格：

54.7.1　除技术规则54.7.3条的规定外，当3名不同的竞走裁判员对同一名运动员发出的3张红卡送交主裁判时，该运动员将被取消比赛资格，并由主裁判或主裁判助理向该运动员出示红牌以通知运动员。如未能通知到，也不得恢复已被取消的比赛资格。

54.7.2　在世界排名比赛定义1.（a）（b）（c）和（d）所述比赛中，任何情况下，来自同一会员协会的2名裁判员的红卡无权取消运动员的比赛资格。

注：在当前的世界田联金级、银级或铜级竞走裁判员名单中，要正确标明每位裁判员的协会隶属关系。

54.7.3　如果适用的规程中有规定，任何比赛都可设立罚停区，罚停区可以用于由相关管理机构或组织者确定的其他比赛中。在比赛中使用此规则时，当某运动员接到3张红卡时，主裁判或其代表将告知该运动员需进入罚停区，并在此停留相应的时间。

在罚停区适用的停留时间如下：

项目距离	时间
5000米/5公里	0.5分钟
10000米/10公里	1分钟
20000米/20公里	2分钟
30000米/30公里	3分钟
35000米/35公里	3.5分钟
40000米/40公里	4分钟
50000米/50公里	5分钟

自2026年1月1日起生效，在罚停区适用的停留时间如下：

项目距离	时间
5000米/5公里	0.5分钟
10000米/10公里	1分钟
半程马拉松	2分钟
30000米/30公里	3分钟
马拉松	4分钟
50000米/50公里	5分钟

任何拒绝进入罚停区或未停留规定时间的运动员，将被裁判长取消比赛资格。

54.7.4　在执行技术规则54.7.3条时，如果某运动员被判罚3张红卡，但在比赛结束前没能将其带入罚停区，裁判长应将相应的罚停时间计算到他完成比赛的成绩中，且如有必要，重新调整比赛名次。

54.7.5　在执行技术规则54.7.3条时，任何情况下，如果该运动员再接到另一张红卡，而该红卡并非由原先送交3张红卡的任何一名裁判员提交的，该运动员将被取消比赛资格。主裁判或主裁判助理要向他们出示红牌告知他们被取消比赛资格。如未能通知到，也不得恢复已被取消的比赛资格。

54.7.6　在场地竞走比赛时，运动员被取消比赛资格后，应立即离开跑道。在公路竞走比赛时，运动员被取消比赛资格后，应立即取下号码布，并离开赛道。如果被取消比赛资格的运动员不离开跑道或赛道，或不遵守技术规则54.7.3条的规定进入罚停区并停留规定的时间，可根据技术规则7.1条和7.3条的规定，受到进一步的纪律处罚。

54.7.7　应在赛道接近终点的地方设置1块或多块红卡公告牌，以便告知每名运动员已被送达竞走主裁判的红卡数量。红卡公告牌上应显示运动员每次犯规的符号。

54.7.8　在世界排名比赛定义1.（a）和（b）所述比赛中，竞走裁判员必须使用具有传输功能的掌上电脑，以便将红卡及时传送给记录员和红卡公告牌。在所有其他比赛中，如果没有使用此传输系统，竞走主裁判应根据技术规则54.4.1条、54.7.1条或54.7.5条的规定，在比赛结束后立即向裁判长报告取消比赛资格运动员的号码、通知时间和犯规性质，同时向所有接到红卡的运动员通告以上信息。

起跑

54.8 比赛须通过鸣枪、鸣炮、号角或相似设备开始起跑。发令须采用400米以上项目的起跑口令（技术规则16.2.2条）。当参赛运动员人数众多时，应在起跑前5分钟、3分钟和1分钟给予倒计时提示。"各就位"口令发出后，运动员须按照组织者决定的方式在起跑线上集合。发令员要确保任何运动员的脚（或身体的任何部分）没有触及起跑线或线前地面，方可发令开赛。

安全

54.9 竞走比赛的组织者应保证运动员和裁判员的安全。凡在世界排名比赛定义1.（a）（b）（c）和2.（a）（b）所述比赛中，赛事组织者须保证在比赛使用的道路上禁止所有方向的机动车通行。

公路竞走比赛饮水/用水（海绵）和补给站

54.10 公路竞走比赛饮水/用水（海绵）和补给站设置如下：

54.10.1 所有比赛的起、终点须备有饮水和其他适宜的补给品。

54.10.2 对于所有5公里至10公里（包括10公里）的竞走比赛，根据天气情况，以适当间隔设置仅提供饮水/用水的站点。

注：根据竞赛组织和/或天气情况，可以安排喷淋站。

54.10.3　10公里以上的竞走比赛，每圈都须设置补给站。此外，还可根据天气情况，在两个补给站之间设置1个或多个饮水/用水（海绵）站。

54.10.4　补给品（饮料、食品）可由组织者提供或由运动员自备，须放在便于运动员拿取的地方或经授权人员递到运动员手中。运动员的自备补给品，从运动员或其代表提交之时起，须始终在组织者指派的工作人员监管之下，并要确保提交的补给品不能有任何改变或篡改。

54.10.5　比赛组织者须在赛道适当的位置用栅栏、桌子或地面标记划定可以接收或拿取补给品的区域。

经授权人员可以从饮料桌后或桌子两侧不超过1米的位置给运动员递送补给品，但不能在桌前递送。他们不得进入赛道，也不得阻挡任何运动员。

无论在什么情况下，当运动员取水或补给品时，任何裁判员或授权人员都不能在运动员身边伴随移动。

54.10.6　在举行世界排名比赛定义1.（a）

（b）（c）和2.（a）（b）所述比赛中，在自备饮料桌的后面，每个国家或地区每次最多可站2名官员。

注：当一个国家超过3名运动员参加同一项目比赛时，技术规程可允许在补给站安排额外的官员。

54.10.7 只要是从起点或官方供应站拿取，运动员可以在任何时候手持或随身携带该水或补给。

54.10.8 除医疗原因或有竞赛官员的指示外，运动员如在官方供应站以外的地方接收或者拿取补给或水，或从其他运动员处获取，第一次出现这种犯规，裁判长通常将出示黄牌警告，第二次出现犯规，裁判长将出示红牌取消其比赛资格。该运动员须立即离开赛道。

注：运动员可以相互接收或传递由起点或沿途官方供应站提供的补给、水或海绵块，但由一名运动员连续向另一名或多名运动员递送上述物品时，可被视为不公平帮助，可使用上述方法予以警告和/或取消其比赛资格。

通常，针对场外比赛，技术规则54条、55条和56条具有一致性。但应该注意的是，技术规则54.10.5条有意与技术规则55.8.5条区别，因为在竞走项目中，运动队官员不允许站在桌前。

公路赛道

54.11   公路赛道：

54.11.1   环形赛道的长度，每圈最长为2公里，最短为1公里。起、终点设在体育场内的公路竞走比赛，环形路线应尽可能设在距体育场较近的地方。

54.11.2   赛道须根据技术规则55.3条的规定进行测量。

比赛行为

54.12   在得到裁判员的许可并在1名裁判员的监督下，运动员可离开标定的赛道，但不得因此而缩短比赛距离。

54.13   如果裁判长认可裁判员或检查员的报告，或通过其他方式确认，运动员离开了标定的赛道而缩短了比赛距离，将取消运动员的比赛资格。

54.14   本规则未涵盖的竞走项目，规程应明确该项目适用的特定规则及实施的方法。

第七部分　路跑比赛

55.　路跑比赛

距离

55.1　标准比赛距离为：1英里路跑（1609.344米）、5公里、10公里、10英里、15公里、20公里、半程马拉松、25公里、30公里、马拉松（42.195公里）、100公里和公路接力赛跑。

注：建议公路接力赛跑的距离与马拉松相同，理想的赛道应为一条5公里的环形赛道，各段距离为 5 公里、10公里、5公里、10公里、5公里、7.195公里。青年（U20）公路接力赛跑，建议距离为半程马拉松，各段距离为5公里、5公里、5公里、6.098公里。

赛道

55.2　此类赛跑应在铺装路面上进行。然而，如果交通或类似环境不允许，比赛路线可设在路旁的自行车道或人行道上，并适当标记，但不得通过路旁草地等柔软地段。比赛起、终点可设在田径场内。

注（ⅰ）：建议按标准距离举行路跑比赛

时，起、终点之间的直线距离不应超过比赛距离的50%。如果要申报纪录，见竞赛规则31.21.2条。

注（ii）：比赛的起、终点和其他部分赛段可以在草地或其他非铺装的地面上进行，但应尽量避免。

55.3　赛道应沿着运动员所允许跑过的最短路线进行丈量。

在世界排名比赛定义1.（a）和（b）所述的比赛中，如有可能也包括世界排名比赛定义1.（c）和2.（a）（b）所述的比赛，应用区别于赛道上其他标志的醒目颜色沿赛道标出丈量线。

路线长度不得短于该项目的正式距离。在所有世界排名比赛中，路线的丈量误差不得超过0.1%（如马拉松为42米），该路线的距离在赛前要经过一名国际公路赛道丈量员测量和认证。

注（i）：应采用"经过标定的自行车丈量法"进行赛道丈量。

注（ii）：为防止在以后丈量时发生路线长度不足的问题，建议设计路线时加入一个"防止路线缩短的系数"，使用"经过标定的自行车丈量法"时，该系数应为0.1%，意味着每1公里的路线要有1001米的

"丈量长度"。

注（iii）：如计划在比赛当天使用临时性设备，如锥形物、栅栏等来标明部分路线的界线，则此类设备安放的位置最迟须在丈量路线时确定下来，并且要在丈量报告中进行说明。

注（iv）：建议按标准距离举行路跑比赛时，起、终点之间海拔高度下降不超过1：1000，即每公里下降不超过1米（0.1%）。如果批准纪录，见竞赛规则31.21.3条。

注（v）：赛道丈量认证有效期为5年，此限期后，即使该赛道无明显改变，也需重新测量。

55.4　须以公里为单位，在赛道上向所有运动员显示赛程的距离。

55.5　举行公路接力跑，应在所跑公路上画出50毫米宽的横线标明各棒次之间的距离和接力区标志线（scratch line）。运动员不得在接力区以外起跑，必须从接力区内起跑。在标志线前、后10米处各画一条50毫米宽的横线作为接力区。除非组织者另有规定，交接棒的程序是交、接棒运动员须有身体接触，并必须在接力区内完成。如果运动员不遵守本规则，将取消其接力队的比赛资格。

起跑

55.6　比赛须通过鸣枪、鸣炮、号角或相似设备发令开始起跑。发令要采用400米以上项目的起跑口令（技术规则16.2.2条）。当参赛运动员人数众多时，应在起跑前5分钟、3分钟、1分钟给予倒计时提示。"各就位"口令发出后，运动员须按照组织者决定的方式在起跑线上集合。发令员要确保任何运动员的脚（或者身体任何部分）没有接触起跑线或起跑线前的地面，然后发令开赛。

对于中长距离的径赛项目，需要强调的是，如果是在体育场外进行的比赛，发令员和裁判长应避免过度使用规则判罚起跑犯规。在很大的场地上，路跑比赛或其他室外比赛起跑召回非常困难，无论如何也不切合实际。但是，对于明显故意犯规的情形，裁判长应毫不犹豫地在赛中或赛后给予相关人员适宜的判罚。然而，在大型赛事中，如果起跑发令系统发生故障，并且计时系统确定或可能没有启动，执行召回可能是最佳的选择。

安全

55.7　路跑比赛的组织者须保证运动员和裁判员的安全。凡举行世界排名比赛定义1.（a）（b）（c）和2.（a）（b）所述的比赛，比赛组织者须保证在比赛所使用的道路上禁止任何方向的机动车辆通行。

路跑比赛饮用/用水（海绵）和补给站

55.8 路跑比赛饮水/用水（海绵）和补给站设置如下：

55.8.1 所有比赛的起、终点要提供饮水和其他适宜的补给品。

55.8.2 所有项目，要以大约5公里的适当间隔提供饮水。超过10公里的项目，除提供饮水外，这些站点还应提供补给品。

注（i）：在条件允许的情况下，应考虑到比赛性质、天气情况和大多数参赛者身体状况等的需要，可以在赛道沿途以多于常规间隔提供饮水和/或补给。

注（ii）：组织者也可根据需要和/或天气情况，设置喷淋站。

55.8.3 补给品可包括饮料、能量补充品、食品或除水以外的任何食物。组织者将根据现有条件确定提供何种补给品。

55.8.4 通常情况下，补给品由组织者提供，也可允许运动员自备。当运动员自备补给品时，须指定放置的站点。由运动员提供的自备补给品，自运动员或其代表上交之时起，要始终处于组织者指派裁判员的监督之下。这些裁判员须确保这些补给品不以任何方式被改变或篡改。

55.8.5 比赛组织者须在赛道适当的位置用栅栏、桌子或地面标记划定可以拿取或接收补给品的区域。补给品不应该直接摆放在测量赛道的线上。补给品要摆放在运动员便于拿取的地方，或由授权人员将其递到运动员手中。此类人员须停留在指定区域内，不得进入赛道，也不得阻挡任何运动员。无论在什么情况下，当运动员取水或补给品时，任何裁判员或授权人员都不能在运动员身边伴随移动。

55.8.6 在举办世界排名比赛定义1.（a）（b）（c）和2.（a）（b）所述的比赛中，在指定区域后面，每个国家或地区每次最多可站2名官员。

注：若一个国家超过3名运动员参加同一项比赛，技术规程可允许增加进入补给站的人员。

55.8.7 只要是从起点或官方供应站拿取，运动员可在任何时候手持或随身携带水或补给品。

55.8.8 除医疗原因或有竞赛官员的指示

外，运动员如在官方供应站以外的地方接收或者拿取补给或水，或从其他运动员处获取，第一次出现这种犯规，裁判长通常将出示黄牌警告，第二次出现犯规，裁判长要出示红牌取消其比赛资格。该运动员须立即离开赛道。

注：运动员可以相互接收或传递由起点或沿途官方供应站提供的补给品、水或海绵块，但由一名运动员连续向另一名或多名运动员递送上述物品时，可被视为不公平的帮助，可使用上述方法予以警告和/或取消比赛资格。

比赛行为

55.9 在路跑中，在得到裁判员的许可并在1名裁判员的监督下，运动员方可离开标定的赛道，但不得因此而缩短比赛距离。

55.10 如果裁判长认可裁判员或检查员的报告，或通过其他方式确认，运动员离开了标定的赛道而缩短了比赛距离，将取消运动员的比赛资格。

55.11 检查员应有规律地间隔分布在赛道和每个关键点上，另一些检查员应在比赛中沿赛道移动。

在执行技术规则55条和技术规则6.2条、6.3条的相关条款时，即在第一次给予警告后，可能会导致执行困难，但是一旦发生违反规则的情形，裁判长应作出裁决。建议的做法是指派在赛道上或补给站的检查员作为裁判长助理，他们可以与裁判长进行及时沟通和配合，确保有效地给予警告和取消比赛资格。但根据技术规则6.2条注释的规定，有一种可能是在某些情况下可以不用警告，而直接给予运动员取消比赛资格的判罚。

如果没有使用芯片计时系统，或需要额外的备份计时，建议采用分流的方法，如技术规则56条绿色文字中越野跑的相应做法。

第八部分　越野跑、山地跑和野外跑

在世界各地举行越野跑、山地跑和野外跑的条件差异极大，很难通过立法制定这些项目的国际标准。必须承认的是，赛事的成功与失败往往取决于比赛地点自然环境的特点和路线设计者的能力。下列规则旨在指导和鼓励各会员协会开展越野跑、山地跑和野外跑运动。

56. 越野跑

距离

56.1　世界田联越野锦标赛距离应约为：

成年男子：10公里　　成年女子：10公里

青年男子U20：8公里　青年女子U20：6公里

建议少年U18比赛距离应约为：

少年男子U18：6公里　少年女子U18：4公里

建议其他国际和国内比赛也采用类似的比赛距离。

赛道

56.2　越野跑赛道规则如下：

56.2.1　越野跑的赛道必须设计在空旷的田野或林地，尽可能被草坪覆盖，并带有自然障碍，使赛道设计者设计出一条具有挑战性和趣味性的比赛路线。

56.2.2 该区域必须有足够的宽度，不仅可以安排赛道，还可容纳其他所需设施。

56.3 举办世界锦标赛、国际比赛或其他比赛时，如有可能，都应按下列要求设计路线：

56.3.1 比赛路线必须设计成环形赛道，它测量长度应为1500～2000米。如有必要，可加上一个小的环形赛道，以便将距离调整为不同项目所需要的总距离，在这种情况下，比赛时应先跑小圈。建议每个大圈的总爬升高度至少为10米。

56.3.2 如有可能，可采用已存在的自然障碍物，但要避免过高的障碍物，如深坑、危险的上下坡、茂密的灌木丛等。总之，应避免一切会给比赛带来困难而违背比赛宗旨的障碍物。不宜设置人造障碍物，如不能避免，应模拟在开阔区域遇到的自然障碍物。在运动员参加人数较多的比赛中，前300米要避免狭窄空间或其他妨碍运动员顺利奔跑的障碍物。

56.3.3　应避免穿过公路或任何形式的碎石路面，或将其减少至最低限度。如果在比赛路线中不可避免地遇到1～2处类似路面，则须在该区域覆盖草、泥土或垫子。

56.3.4　除起、终点区域外，赛道不得包含任何长的直道。一条"自然"起伏的路线，带有平缓的弯道和较短直道是最理想的。

56.4　赛道标志，如下：

56.4.1　在赛道的两边须用带子做出明显的标志。建议在整个赛道的一侧设置一条1米宽的通道，在赛道外部用加固的栅栏围起来，仅供比赛工作人员或媒体人员出入。在重要区域必须设立加固的栅栏，特别是在起点区域（包括热身场地和检录处）和终点区域（包括混合区）。只有持有效证件的人员方可进入这些区域。

56.4.2　观众只允许在管理人员的指挥下，在事先规定的交叉路口有组织地横越赛道。

56.4.3　建议除起、终点区域外，包括障碍区域在内的赛道宽度为5米。

56.5　在越野跑接力比赛中，应用两条相距20米、横过赛道300毫米宽的线标出接力区。所有接棒运动员都应在接力区内开始跑动，不得在接力区外开始。除组织者另有特别说明外，接力的程序要包括交、接运动员的身体接触，且须在接力区内完成。如果某运动员没有遵守此条规则，该队将被取消比赛资格。

注：在接力区的起始处应设置1米×1米的旗子，高度不低于2米。绿色旗子设在接力区的开始处，红色旗子设在接力区的结束处。

起跑

56.6　比赛须通过鸣枪、鸣炮、号角或类似设备开始起跑，发令须采用400米以上项目的起跑口令（技术规则16.2.2条）。

当参赛运动员人数众多时，应在起跑前5分钟、3分钟、1分钟时给予倒计时的提示。

比赛出发时，尽可能为各队提供一个出发区域，各队队员在各自的出发区域内排成一路纵队。在其他比赛中，运动员须按照组织者确定的方式在起跑线集合。"各就位"口令发出后，发令员应确保运动员的脚（或身体任何部分）没有触及起跑线或起跑线前的地面，方可发令开赛。

安全

56.7 越野跑组织者要确保运动员和裁判员的安全。

越野赛饮水/用水（海绵）和补给站

56.8 在所有比赛的起、终点要备有饮水和其他适当的补给品。对于所有项目的比赛，根据天气情况，每圈都应设置饮水/用水站。

注：在条件允许的情况下，可根据比赛性质、天气情况和大多数参赛者的身体状况，在赛道沿途更规律地间隔设置饮水、用水和/或补给站。

比赛行为

56.9 如果裁判长认可裁判员或检查员的报告，或通过其他方式确认，运动员离开了标定的赛道而缩短了比赛距离，将取消运动员的比赛资格。

终点区域要有足够的宽度，以确保多名冲刺运动员能并排跑进，还要有足够的长度，从而在终点处能够分开运动员。

除非同时使用芯片计时系统和备份系统（如视频录像）核查运动员通过终点的名次，否则应在终点线后的8~10米处，设置最大宽度为0.70~0.80米的终点（分流）通道。一旦运动员进入分流通道，运动员不得相互超越。分流漏斗长度应为35~40米，运动员在越过终点线时将被引导进入漏斗。

在每个分流漏斗通道出口，裁判员应记录每个运动员的号码和姓名，同时回收计时芯片。

在运动员进入分流漏斗的末端应设置可移动的围绳，这样当一条通道已满时，可以在最后一名运动员的身后拉上围绳，以使下一位完赛者能够进入新的终点通道，依此类推。

裁判员和计时员被安排在终点线的两侧，以跟进与比赛名次相关的任何抗议与申诉，并且建议安排一名视频录像裁判员在终点线后数米进行拍摄（如有可能，镜头里可以看到时钟），以便记录运动员冲线的顺序。

57. 山地跑和野外跑

第一部分：通则

赛道

57.1 赛道通则，如下：

57.1.1 一般情况下，山地跑和野外跑是在野外各种自然地形（如沙地、土路、林间小路、单向人行道、雪道等）和各种环境（如山地、森林、平原、沙漠等）中进行。

57.1.2 比赛主要在越野路面上进行，但部分铺砌的路面（如沥青、混凝土、碎石等）可以作为到达或连接赛道的一种方式，应保持在最低限度。最好使用现有的道路和山间小径。

57.1.3　仅在山地跑中，确实存在一些特殊情况，即只有当赛道上出现较大的海拔变化时才可以接受比赛在人工铺设的路面上进行。

57.1.4　赛道须以运动员不需要导航技能的方式标记。野外跑对距离或海拔高度的增减没有限制，但赛道必须代表一个地区的地貌特点。

57.1.5　山地跑按惯例被分为"上坡跑"和"上下坡跑"两种。赛道的平均海拔升高或降低可能有所不同，每公里50~250米，距离可达到42.2公里。

起跑

57.2　山地跑和越野跑通常有大规模的起跑，运动员可以按性别或年龄分类起跑。

安全与环境

57.3　组织者要确保运动员和裁判员的安全，高度重视山地跑和越野跑的特殊条件和环境，如高海拔、变化无常的天气和可用的基础设施等。赛事组织者在规划赛道、比赛期间及比赛后都应注意保护环境。

比赛装备

57.4 山地跑和野外跑并不需要特定的高山或其他技术，或者使用特定的装备，如登山装备。比赛组织者可酌情决定是否允许使用登山杖。比赛组织者可根据比赛期间可能遇到的情况强制或建议使用强制性设备，这将使运动员避免遇险，或在发生事故时及时报警并安全地等待救援人员。

赛事组织

57.5 组织者要在比赛前公布比赛的详细安排，至少包括：

57.5.1 组织者负责人的详细信息（姓名、详细的联系方式）。

57.5.2 比赛活动安排。

57.5.3 有关比赛技术特点的详细信息：如总距离、上下坡的总量及对主要难度较大路段的描述。

57.5.4 赛道的详细地图。

57.5.5 赛道的详细介绍。

57.5.6 赛道的评估标准。

57.5.7 赛后控制中心和医疗/援助站的具体位置（如果适用）。

57.5.8 允许、建议或者强制性装备（如果适用）。

57.5.9 应遵守的安全规则。

57.5.10 处罚和取消比赛资格的规则。

57.5.11 时间限制和使用阻拦运动员跑进的栅栏（如果适用）。

第二部分：国际技术规则

适用范围

57.6 虽然强烈建议在所有国际锦标赛中使用以下技术规则，但该技术规则仅在世界锦标赛中强制使用。对于除世界锦标赛外的所有山地跑和野外跑赛事，具体赛事规则和/或各国家相关协会的规则应优先采用。如果按照"国际技术规则"举办山地跑、野外跑的比赛，则须在竞赛规程中明确规定。在所有其他情况下，如果裁判长是由会员协会、地区协会或监督比赛的相关部门指派的，该裁判长必须遵守田径运动的一般规则，但不得强迫执行以下国际技术规则。

起跑

57.7 发令采用400米以上项目比赛的起跑口令（技术规则16.2.2条）。当参赛运动员人数众多时，应在起跑前5分钟、3分钟和1分钟给予倒计时提示。还可以进行10秒倒计时。

比赛行为

57.8 如果裁判长认可裁判员、检查员的报告或通过其他方式确认，运动员：

> 57.8.1 离开标定路线而缩短了比赛距离；或

> 57.8.2 接受任何形式的帮助，如速度分配，或在官方援助站以外的地方拿取补给品；或

> 57.8.3 不遵守任何特定比赛规则；

他们将被取消比赛资格或接受具体竞赛规程规定的处罚。

野外跑的具体规定

57.9 野外跑的具体规定如下：

> 57.9.1 人工铺设路面部分不能超过比赛路线总距离的25%。

> 57.9.2 比赛按照"公里难度"进行分类；"公里难度"是以"公里"表示的距离和以"米"表示的百分之一的垂直爬升的总和，四舍五入到最接近的整数（如一场距离为65公里和爬坡高度为3500米的比赛为：65 + 3500/100 = 100）。因此，将比赛分类如下：

分类	公里难度参数
XXS（极短）	0 ~ 24
XS（超短）	25 ~ 44
S（短）	45 ~ 74
M（中）	75 ~ 114
L（长）	115 ~ 154
XL（超长）	155 ~ 209
XXL（极长）	210+

57.9.3　世界锦标赛将根据短距离（S）和长距离（L）进行分类：

a.　短距离比赛的距离必须为35 ~ 45公里，最小垂直爬升的增量为1500米或1500米以上。

b.　长距离比赛必须为75 ~ 85公里。

57.9.4　比赛基于自给自足的理念，运动员应在援助站之间自主安排其装备、通信、食品和饮料。

57.9.5　救生毯（最小尺寸为140厘米 × 200厘米）、口哨和手机是运动员必须始终携带的最低限度的物品。然而，根据比赛中可能遇到的特殊情况，当地组委会可能强制要求运动员携带其他额外物品。

57.9.6 正式比赛的援助站要有足够的间距，以遵守"自给自足原则"。除起、终点外，援助站的总数量，包括水站在内，不得超过公里难度参数除以15，取较小的整数为站点数目（以难度参数58为例，即58/15 = 3.86。意味着除了起、终点的援助站外，在赛道上设置的援助站不得超过3个）。

注（i）：在上述最多一半的援助站中，取较小的整数，可提供食物、饮料及自备补给（如援助站的最高总数为3，则3/2 = 1.5，取整数为站点数目。即可提供食物和自备补给的援助站最多为1个）；在剩下的援助站中，只能提供饮料，不得提供食物，也不得提供自备补给。

注（ii）：在允许自备补给的情况下，援助站应允许每个国家提供单独的桌子或分配适当的空间，并标有各个国家的国旗，以及官方的工作人员为运动员提供协助。桌子须按字母顺序依次摆放，每队每桌最

多可允许2名官员。

注（ⅲ）：对运动员的帮助只能由上述定义的完整的（有食品和饮料）援助站提供。

57.9.7 当运动员已清楚地表明其意图时，则允许在终点的位置名次并列。

山地跑分类的具体规定

57.10 山地跑分类如下：

57.10.1 "经典上坡跑"。

57.10.2 "经典上下坡跑"。

57.10.3 "垂直跑"。

57.10.4 "长距离跑"。

57.10.5 "接力跑"。

57.11 在除垂直山地跑外的所有类别中，赛道的平均坡度应在 5%（或每公里50米）和 25%（或每公里250米）之间。如果确保赛道能正常使用，最理想的平均坡度为 10%～15%。另外，这些限制并不适用于垂直山地跑类别的赛道，在垂直山地跑赛道中，爬升坡度应不低于25%。

57.12 世界锦标赛须按照以下类别和距离进行：

57.12.1 "经典上坡跑"：U20（男女）5～6公里；成年（男女）10～12公里。

57.12.2　"经典上下坡跑"：U20（男女）5~6公里；成年（男女）10~12公里。

57.12.3　"垂直山地跑"：应具有至少1000米的垂直标高，并以经认证的方式测量，精度为+/–10米。

57.12.4　"长距离跑"：比赛距离不应超过42.2公里，自然赛道主要包括上坡或上下坡。赛道爬升的总高度应超过2000米。男子夺冠的时间应为2~4小时，人工铺设路面不得超过比赛距离的20%。

57.12.5　"接力跑"：任何赛道和接力队的组合，包括混合性别或年龄组，只要赛前定义和沟通都是可能的。每棒的距离和爬坡高度的增加，应符合"经典"类别中参数的规定。

注："经典上坡跑"和"经典上下坡跑"赛事，通常在每一届世界锦标赛中交替进行。

57.13　在所有比赛的起、终点，都须为运动员提供饮水和其他适宜的补给。比赛过程中，应在沿途适当的地方设置另外的饮水/用水站。

**WORLD
ATHLETICS.**

运动鞋规程

专门定义

本规程中使用的定义术语（以首字母大写表示）具有章程和一般适用定义中规定的含义，或（就下列词语和短语而言）具有以下含义：

"适用的比赛"是指举办由世界田联、地区协会或国家联合会颁发许可证的比赛，并遵守所有相关世界田联规则和规程的比赛，从而获得世界排名积分（见https：//www.worldathletics.org/world-rankings/introduction和https：//www.worldathletics.org/world-ranking-rules/basics）。此外，对于举行其国家联合会颁发的许可证的比赛，国家联合会必须认可该比赛作为世界田联统计和成绩的有效依据。

"适用人员"是指诚信行为准则规则1条所述的人员。

"运动员"，除本规程另有规定外，是指凭借协议、会员资格、从属关系、授权、认证，报名或参与世界田联、其会员或地区协会、某项田径赛事或竞赛的任何人。

"运动员支持人员"，除非另有规定，是指任何教练员、训练师、经理、授权运动员代表、经纪人、团队工作人员、官员、医疗或准医疗人员、父母或任何其他与参加或准备体育赛事或比赛的运动员一起工作、为他们提供治疗或协助他们的人。

"运动鞋"，除非另有说明，是指路跑、越野和/或田径鞋。

"可供购买"是指满足附录4（不时修订）中规定的可用性要求和流程的运动鞋。

"全定制鞋"是指专门为一名运动员一次性定制的运动鞋（即只有一种），不提供购买。定制鞋和/或开发鞋并非本规程所指的全定制鞋。

"检录处"是指运动员在比赛开始前聚集并由此进入比赛场地的房间。

"首席执行官（或其指定人）"是指世界田联的首席执行官或其指定的工作人员。

"定制鞋"是指根据本规程7条进行改装的现有鞋或可供购买的新鞋。

"开发鞋"是指从未可供购买的运动鞋，但运动品制造商正在开发以推向市场，并希望在鞋可供购买之前与其赞助和/或支持的运动员（同意测试鞋的运动员）就安全性和性能问题进行测试。

"现有鞋"是指在本规程生效前已由首席执行官（或其指定人）根据有效的技术规则5条批准的运动鞋，或在2016年1月1日前穿的运动鞋，被视为符合本条例的要求，除非本条例另有规定或首席执行官（或其指定人）另有规定。

"比赛场地"是指运动员参加和/或比赛的区域（对于非体育场项目则意味着赛道），包括赛后区域，如果运动员获得领奖的名次，则包括通往领奖台的区域、混合区、新闻发布会区域以及举行颁奖仪式或获胜绕圈的区域。

"独立专家"是指由首席执行官（或其指定人）不时任命的生物力学或其他具有相关资格的专家，以适用本规程中规定的运动鞋批准的技术要求和协议。

"新鞋"是指符合本规程要求并将由运动员在适用的比赛中首次穿着的运动鞋，而不是开发鞋。

"矫形器"是指插入运动鞋中的处方医疗设备，用于矫正运动员足部的生物力学或其他医学方面的问题。

"运动鞋控制"是指根据本规程14.5条对运动鞋进行检查的程序。

"运动鞋控制官员"指裁判长、裁判或其他竞赛官员、志愿者或工作人员，被任命在运动鞋控制期间确保运动鞋得到检查。

"工作人员"是指世界田联雇用或聘用为其从事工作或代表其从事工作的任何人员（包括雇用或聘用为诚信部门的人员，除非另有规定）。

"热身场地"是指运动员在比赛前热身、训练和准备的区域。

"世界田径系列赛"或"WAS赛"是指世界田径锦标赛、世界田径室内锦标赛、世界田径接力赛、世界田径U20锦标赛、世界田径路跑锦标赛、世界田径竞走团体锦标赛和世界田径越野锦标赛。

1. 概述

1.1 本规程旨在通过规定在适用的比赛中针对所穿运动鞋向世界田联提交批准的要求和程序，实现章程4.1（a）（c）（d）和（e）及技术规则5.2条的目标。

1.2 在无损于本规程的具体限制和要求的前提下，本规程力求平衡以下原则：

1.2.1 田径运动中的公平；

1.2.2 支持有高水平身心需求的运动员的健康和安全（包括伤害预防）措施；

1.2.3 田径运动中的成绩（包括纪录）是通过人类努力在运动鞋技术上的进步（如允许有意义的竞争）实现的；和

1.2.4 承认运动员希望穿着"高质量""创新"和"领先"的运动鞋参加比赛。

1.3 上述规程1.2条提到的原则的含义反映在这些规程中，并且仅来自世界田联对运动鞋的审查。这些规程将不时地继续审查和修订，以反映运动鞋技术和其他发展的、不断变化的性质。

2. 目的

2.1 本规程的目的是：

2.1.1 建立一套透明、客观、可行和公平的要求和程序；

2.1.2 确定在适用的比赛中批准运动鞋的行动、时间表、标准以及申请和决策过程与程序；和

2.1.3 确保参与此类流程和程序的所有适用人员均遵守诚信行为准则。

3. 适用

3.1 本规程适用于：

3.1.1 所有适用的比赛；

3.1.2 所有参加适用比赛的运动员；和

3.1.3 所有适用人员，包括世界田联官员、地区官员和工作人员。

3.2 在不限制以上内容的情况下：

3.2.1 参加适用比赛的运动员将遵守并尊重本规程；和

3.2.2 每个会员协会负责运动员在整个申请和决策过程中的活动和行为；和

3.2.3 如果运动员或会员协会指定代表提交信息、批准要求或根据本规程做任何行动，他们（包括资助或赞助他们的运动用品制造商）也必须

遵守本规程。但是，指定代表不得免除运动员或会员协会遵守这些规程的义务，运动员应促使其代表（包括资助或赞助他们的运动用品制造商）遵守这些规程。

4. 赤脚和运动鞋

4.1 当运动员穿着运动鞋参加比赛时，主要目的是为脚提供保护和稳定性以及在地面上的抓地力。

4.2 除非另有说明，否则所有运动鞋必须符合本规程规定的限制和要求。

5. 现有的鞋子

5.1 除非首席执行官（或其指定人）提出要求，现有鞋不需要根据本规则提交给世界田联审批，并被视为世界田联批准。

5.2 如果现有鞋是定制的，那么它必须符合规程7条。

5.3 从2024年11月1日起，鞋底超过附录3新鞋底厚度表中规定的最大厚度的现有鞋将不再被批准，并且不能在适用的比赛中穿着。

6. 新鞋

6.1 运动员第一次在适用的比赛中穿的所有新鞋必须根据附录1中规定的程序获得世界田联的批准。

6.2 如果新鞋是定制的，那么它必须符合规程 7条。

7. 定制鞋、填充物和附加物

7.1 在适用的比赛中允许穿定制鞋，但条件是：

7.1.1 任何定制现有鞋或新鞋的建议都需要按照附录1中规定的流程提交世界田联批准；和

7.1.2 在建议书内，必须提交现有鞋或新鞋的定制理由。

7.2 根据规程7.1条，须经首席执行官（或其指定人）批准，出于医疗和/或安全原因，允许进行以下定制：

7.2.1 更改鞋底结构和/或鞋底最大厚度，但最大厚度不得超过附录3规定的限制；

7.2.2 将无钉鞋定制为钉鞋只能用于现有鞋或新鞋；

7.2.3 用另一个现有鞋或新鞋的鞋面替换现有鞋或新鞋的鞋面，或添加新的鞋面；

7.2.4 在运动鞋中添加内底、其他填充物和附加物，但仅限在以下情况：

a. 所述附加内底或填充物为可拆卸的矫形器（如不能永久

固定在鞋内）；或

b. 填充物是提高鞋跟、鞋后套（如跳鞋）、支撑或绑带（如投掷鞋）。

7.2.5 为避免疑问，根据上述规程7.2.4条，矫形器、提高鞋跟或鞋后套不属于附录3表中鞋底最大厚度范围。意图是说明任何其他类型的附加内底、填充物或附加物都是不被允许的。

7.3 为避免疑问，现有鞋或新鞋的颜色和/或外观发生变化，或者运动员在鞋上贴上胶带，而不是定制（如贴在投掷鞋的外面），是允许的，不需要批准。

7.4 根据本规程13条，定制鞋不要求可供购买，因为根据本规程的要求，基础标准型号必须可供购买。

8. 开发鞋

8.1 未经世界田联根据附录1和附录2事先书面批准，运动员不得在适用的比赛中穿开发鞋。

8.2 如果获得批准，运动员可以穿着开发鞋最长12个月，从运动员提议在适用的比赛中首次穿着开发鞋之日起算。开发鞋只能在这12个月内穿着。

8.3 开发鞋是：

8.3.1 无须根据本规程13条规定可供购买；和

8.3.2 不允许在世界田联系列赛和奥运会上穿着。

9. 全定制鞋

9.1 不允许在任何适用的比赛中穿着全定制鞋。

10. 运动鞋的技术要求

10.1 除非得到首席执行官（或其指定人）的书面特别同意，在相关的比赛中所穿的任何运动鞋，必须按照规程10.3条和10.4条的规定，具有附录3表中所列的最大鞋底厚度。为避免产生疑问，鞋底的最大厚度不包括附加内鞋底的厚度、根据规程7条插入的其他填充物或附加物的厚度。

10.2 鞋底（包括运动鞋后跟以下的部分）可以有凹槽、隆起、凹痕或突起，只要这些是由与主要的鞋底本身相同或类似的材料构成的。

10.3 鞋底的厚度将在运动鞋的前脚掌中心和后跟中心分别测量，分别为前脚掌中心和后跟中心的内侧顶面与外侧底面平面之间的距离。该测量包括上述特征。如图（a）：

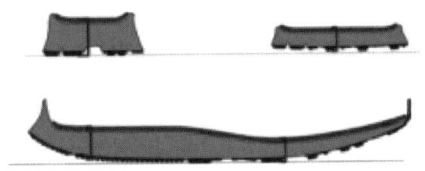

运动鞋规程10条图（a）　测量鞋底厚度

10.4　　运动鞋前脚掌的中心是鞋内长度75%的中心点。运动鞋鞋跟的中心是鞋内长度12%的中心点。如图（b）。对于42码（欧码）男女通用的标准样品，运动鞋前脚掌的中心距离鞋后内侧约203毫米，运动鞋后跟的中心点距离鞋后内侧约32毫米。这些点之外的鞋底厚度与满足本规程的技术要求无关。

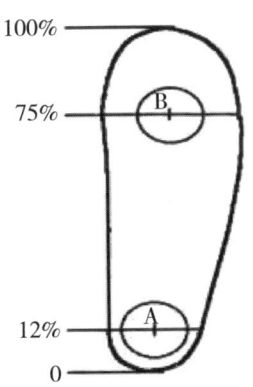

运动鞋规程10条图（b）　测量前脚掌和脚后跟中心的位置

10.5 世界田联承认，高于该标准样本尺码的运动鞋鞋底可能比相同品牌和型号的标准样本尺码鞋的鞋底稍厚，鞋底厚度的边际增加仅是因为鞋码较大。出于确认遵守本规程的目的，将忽略此类边际增加。

10.6 在进一步通知之前，除非有特殊情况并得到竞赛委员会的书面明确同意，在适用的比赛中使用的任何运动鞋：

10.6.1 （除非适用规程10.6.3条）不得包含一个以上的刚性结构（如板、薄片等），无论该结构是贯穿鞋的整个长度还是只贯穿鞋的部分长度；

10.6.2 规程10.6.1条中提到的一个刚性结构可以有多个部分，但这些部分必须位于一个平面上（即不得相互堆叠及重叠）；

10.6.3 可能包含一个额外的刚性结构或其他装置（如板、薄片等），仅用于将鞋钉连接到鞋的外底面的情况。为避免疑问，用于连接鞋钉的附加刚性结构不能是规程10.6.1条中提及的刚性结构的延续；

10.6.4 不得包含任何嵌入式"传感或智能"技术。这并不妨碍运动员根据技术规则6.4.4条个人携带或佩戴的心率监测仪、速度距离监测器或步幅传感器；

10.6.5 必须具有附录3表格中规定的鞋底的最大厚度。

11. 运动鞋：鞋钉

11.1 鞋底（包括运动鞋后跟下方的部分）的构造可以供多达11个鞋钉的使用。

11.2 可以使用不超过11枚的任何数量的鞋钉，但鞋钉钉座不得超过11个。

11.3 每个鞋钉从鞋底或鞋跟突出的部分不得超过9毫米（室内为6毫米），但在跳高和标枪项目中不得超过12毫米。鞋钉的构造必须使其至少在最靠近尖端的一半长度上能够穿过4毫米的方形量规。如果跑道制造商或体育场运营商规定了较低的鞋钉长度最大值，或禁止使用某些形状的鞋钉，此规定将被应用并相应地通知运动员。场地层面（室外或室内）必须适合接受本规程11条允许的鞋钉。

11.4 对于越野比赛，具体规程或技术代表可能会根据赛道层面允许增加鞋钉的长度。

12. 独立专家

12.1 在遵守本规程的前提下，独立专家将具有以下职责和权利：

12.1.1 检查运动鞋实物是否符合本规程的

技术要求（如有必要，包括对运动鞋进行切割）；

12.1.2　根据本规程的标准和要求，审查及评估现有实物鞋、新鞋、开发鞋或定制鞋和/或其规格；

12.1.3　就其工作事宜与首席执行官（或其指定人）联络，并征询他们的意见；

12.1.4　向首席执行官（或其指定人）提交审查及评估的结果；和

12.1.5　执行首席执行官（或其指定人）不时指示的其他任务。

13.　可用性方案

13.1　现有鞋和新鞋必须可供参加适用的比赛的任何运动员购买。

13.2　如果运动员计划在适用的比赛中穿新鞋，世界田联根据本规程批准，除非首席执行官（或其指定人）另有书面同意，新鞋必须在运动员计划穿的第一场适用的比赛开始日期前不迟于一个月由相关运动用品制造商提供给运动员购买。

13.3　根据规程13.2条规定，在根据规程6条和附录1寻求批准时，必须通知首席执行官（或其指定人）在何处及将如何购买新鞋。

13.4　首席执行官（或其指定人）可以书面请求，

要求运动鞋制造商提供新鞋现在或将来可供购买的证据。

13.5 可用性方案的程序见附录4。

14. 合规

14.1 运动员在适用的比赛之前、期间或之后的任何时间，以及比赛之前或之后的任何时间，都可能接受运动鞋检查，具体由赛事组织者和/或首席执行官（或其指定人）自行决定。首席执行官（或其指定人）可以发布与这些法规一致的进一步的运动鞋控制程序。

14.2 受运动鞋控制约束的运动员：

14.2.1 必须遵守运动鞋控制官员或其他进行运动鞋控制授权人员发出的合理指示；

14.2.2 可在任何时候被要求：

a. 确认他们所穿的运动鞋；

b. 将运动鞋交给运动鞋控制官员以核对（如拍照、测量等）资料，并将资料送交世界田联核对；和

14.2.3 运动员结束比赛后，将运动鞋交给裁判长或首席执行官（或其指定人）进一步检查和调查（如有必要，包括切开运动鞋）。运动鞋将被运送给独立专家，并根据规

程14.9.4条退还（如果可行的话）给运动员。

14.3　如果运动员创造了世界纪录（如竞赛规则31—35条所述），该运动员需要遵守规程14.2条的程序。

14.4　除非裁判长根据规程14.5—14.7条的规定指示运动员将运动鞋交给他们，否则运动员在热身区、检录室和比赛场地必须始终保管运动鞋，并且不得将鞋交给任何运动员支持人员或在任何时候将运动鞋扔进人群。为免生疑问，这包括在运动员结束比赛后仍需完成的任何赛后流程。

14.5　当裁判长有理由认为运动鞋或特定技术可能不符合本规程的文字或精神时，裁判长可以按照规程14.6条和14.7条的规定执行。

14.6　如果在适用的比赛前或比赛中，运动鞋的状况尚未确定或不清楚，裁判长可以自行决定允许运动员参赛，但在比赛后，运动鞋必须根据规程14.7条的规定交给裁判长，由独立专家进行进一步审查和调查。如果裁判长允许运动员根据本规程14.6条进行比赛，运动员的成绩将被列为"未经认证"（"UNC TR5.2"）。然而，如果运动鞋已经被宣布不符合本规程的文字或精神，相关裁判长在合理可行的情况下，将根据规程15.1条采取行动。

14.7　根据规程14.5条的规定，裁判长可要求运动员在比赛结束后立即将鞋交给裁判长，由独立专家进行进一步审查和调查。在根据本规程14.7条进行进一步审查和调查之前，禁止在适用的比赛中使用该运动鞋或技术。

14.8　如果裁判长根据规程14.6行使其自由裁量权，允许运动员参加比赛，但该运动员打算随后参加同一项目的后续比赛或同一比赛期间的其他项目，裁判长应确保该运动员在后续的每个项目中都能使用该运动鞋。比赛期间如何、何时以及在何种条件下向运动员提供鞋子由裁判长决定。

14.9　为避免疑问，除上述权利外，首席执行官（或其指定人）在合理行事的情况下，保留以下权利：

14.9.1　向裁判长发出书面指示，要求其按照规程 14.5条、14.6条和/或14.7条执行；

14.9.2　在任何时候指示运动员将运动鞋交给裁判长和/或进行进一步审查与调查；

14.9.3　如运动鞋尚未移交，或尚未接受进一步审查及调查，则要求运动员将运动鞋移交首席执行官（或其指定人）进行进一步审查及调查；和

14.9.4　将运动鞋运送给世界田联或独立专家进行进一步审查和调查的费用必须由赛事组织者承担，他们需要立即将运动鞋发送到首席执行官（或其指定人）通知的地址，并提供邮寄文件副本和跟踪号码。一旦审查和调查完成，世界田联将在可行的情况下安排将运动鞋退还给运动员。

15.　违规行为和制裁

15.1　如果运动员：

15.1.1　被裁判长或运动鞋控制人员发现所穿的运动鞋不符合本规程；或

15.1.2　不遵守裁判长根据本规程作出的任何指导或指示；或

15.1.3　未按要求到运动鞋控制处报到；

运动员可能被取消比赛资格。

15.2　如果根据规程15.1条被取消比赛资格的运动员已经参加比赛，则该取消资格将对运动员产生所有后果，包括但不限于宣布运动员的成绩因不遵守这些规程而无效，取消所有名次及没收所有奖励、奖牌、积分、奖金和出场费。

15.3　除了裁判员取消运动员比赛资格，在任何时候发现运动员或其代表（包括资助或赞助他们的运动用品制造商）和/或会员协会一直在采取行动或采取行动违反了本规程的文字或精神（包括在这些规程生效之前生效的技术规则5条或任何相关规则），则首席执行官（或其指定人）保留实施一系列制裁的权利，包括但不限于：

15.3.1 向运动员和/或会员协会发出警告；

15.3.2 对运动员和/或其会员协会处以罚款；

15.3.3 取消运动员的比赛资格，宣布运动员的成绩无效，并对运动员产生所有后果，包括取消所有名次、奖励、奖牌、积分、奖金和出场费；

15.3.4 声明现有鞋、新鞋、开发鞋或定制鞋不符合规定；

15.3.5 将现有鞋、新鞋或开发鞋从世界田联批准清单中删除；和

15.3.6 在合理的时间内，拒绝批准特定运动制造商的现有鞋、新鞋、开发鞋或定制鞋的后续请求。

15.4 首席执行官（或其指定人）如果认为适当，可以宣布、公布或以其他方式传达根据本规程15条实施的任何制裁的理由。

15.5 除根据本规程采取行动外，首席执行官（或其指定人）还可以将适用人员可能违反本规

程的任何行为提交给田径诚信部门。

15.6 适用人员任何可能违反本规程的行为都可能构成违反诚信行为准则，并且除了根据规程14条和/或15.3条采取的任何行动，还可能被田径诚信部门根据《田径诚信部门报告、调查和起诉规则（非兴奋剂）》调查和起诉，并可能根据纪律法庭规则提起诉讼。

附录

附录1 新鞋、开发鞋或定制鞋的审批流程

1. 如果建议在适用的比赛中穿着新鞋、开发鞋[1]或定制鞋[2]，运动鞋规格表必须由相关运动用品制造商填写，或在适用情况下由运动员填写（即运动员自己安排定制鞋，并且没有运动用品制造商的参与），并提交给世界田联，其中包含以下信息：

1.1 运动用品制造商的品牌名称及鞋/型号名称；

1.2 大小、尺寸、鞋底厚度、结构［包括板的数量和结构、技术（包括是否包含任何智能、响应性、适应性技术）］，以及可用日期、照片、图表；

1.3 确认鞋子是否为新鞋、开发鞋或定制鞋；和

1.4 如果要求的是根据规程7.2条规定的定制鞋，则应提供与运动员身体状况有关的医疗信息，以及说明需要定制原因的医疗建议、报告或信息。

---

1. 此外，对于开发鞋，必须遵循附录2中规定的流程和信息。

2. 如果运动员在没有运动用品制造商参与的情况下自行定制运动鞋，应根据规程7条规定负责获得世界田联的批准。

2. 如果世界田联要求，在可行的情况下，运动员[1]或运动用品制造商将提交新鞋、开发鞋或定制鞋的样品，由独立专家进行进一步检查。

3. 世界田联将尽合理努力尽快完成检查（如果可能，在独立专家收到新鞋后30天内）。

4. 如果获得批准，世界田联将在批准的运动鞋清单上公布新鞋或开发鞋。定制鞋将不会被发布，因为定制是对已批准的现有鞋或已批准的新鞋进行的，参见本规程7条。

5. 除开发鞋外，一旦新鞋出现在世界田联公布的清单中，新鞋就可以在适用的比赛中穿着，而在此之前不能穿。关于开发鞋可以穿的时间，请参见附录2。

6. 世界田联保留在其认为合适的情况下采取与批准程序的实际实施有关的措施的权利，包括技术的使用（如唯一代码、认证标志等），遵守这些技术将构成本规程的一部分。

7. 如果某款运动鞋不再符合本规程，世界田联有权随时将其从公布的运动鞋清单中删除。

---

1. 见前页脚注2。

附录2 开发鞋

1. 对于开发鞋，在提交附录1规范的同时，运动品制造商必须填写并提交模板开发鞋表格，其中包含以下信息：

1.1 运动用品制造商品牌及鞋/型号名称或编号；

1.2 首次使用开发鞋起12个月内，赞助或受资助运动员拟穿开发鞋参加的第一场及其后所有比赛的日期及名称；

1.3 开发鞋独有的可读代码（即它可以被扫描或成为链接），可以将其插入开发鞋中或其上的可见位置，或者以纸质形式或通过电话提供给运动员以向赛事官员展示。该代码将承载开发鞋表格或其中包含的信息；

1.4 确认运动用品制造商可供购买开发鞋最终版本的最晚日期（即开发将成为新鞋的预期时间），请参见下文第5段。

2. 开发鞋表格中列出的比赛清单如有任何变化，必须以书面形式通知世界田联，并附上最新的开发鞋表。

3. 如果获得批准，世界田联将在其网站上公布批准的开发鞋清单，说明开发鞋可穿的起始日期和批准有效期。任何属于运动用品制造商的技术或专有信息都不会被公布。

4. 在开发鞋可穿到期日之后，或者如果开发鞋在到期日之前停止使用，运动鞋不再具有开发鞋的资格，只有在运动用品制造商根据下面5.2中决定将开发鞋作为新鞋的情况下，运动鞋才能继续穿着。开发鞋在其有效期满或不再使用后，将从批准清单中删除。

5. 如果运动用品制造商决定：

5.1 不再继续生产开发鞋，因此该鞋既不能供购买，也不符合可用性方案的要求，那么世界田联保留要求运动用品制造商提供关于停止生产开发鞋的进一步信息的权利；

5.2 继续生产开发鞋的最终版本（即通过性能和安全测试等），则开发鞋将被视为新鞋，需要获得世界田联根据规程6条的书面批准（即开发鞋的最终版本符合本规程中规定的要求），强调任何更改或确认没有对开发鞋进行任何更改。

6. 世界田联保留在其认为合适的情况下采取与批准程序的实际实施有关的措施的权利，包括技术的使用（如唯一代码、认证标志等），遵守这些技术将构成本规程的一部分。

附录3　运动鞋鞋底厚度表

鞋底厚度表——生效至2024年10月31日

项目	鞋底的最大厚度（根据规程10.6条）	进一步要求/注意事项
田赛（除了三级跳远）	20毫米	适用于所有投掷项目和跳跃项目，但三级跳远项目除外。 在所有田赛项目中，运动员前脚掌中心的鞋底不得高于规程10.3条和10.4条所述的运动员脚后跟中心的鞋底（即鞋的中心点在鞋内长度的12%和75%处）
三级跳远	25毫米	运动员前脚掌中心的鞋底不得高于规程10.3条和10.4条所述的运动员脚后跟中心的鞋底（即鞋的中心点在鞋内长度的12%和75%处）

（续表）

项目	鞋底的最大厚度（根据规程10.6条）	进一步要求/注意事项
径赛（包括跨栏项目）800米以下项目，不含800米	20毫米	对于接力赛，此规程适用于每位运动员所跑的每棒距离
径赛800米以上项目（包括障碍项目）	25毫米	对于接力赛，此规则适用于每位运动员所跑的每棒距离。 场地竞走项目的鞋底最大厚度与路跑项目相同
越野赛跑	25毫米钉鞋或40毫米无钉鞋	运动员可以穿钉鞋或无钉鞋（即路跑鞋）。如果穿钉鞋，鞋底的最大厚度不能超过25毫米。如果穿无钉鞋，鞋底的最大厚度不得超过40毫米
路跑项目（跑和竞走项目）	40毫米	—
山地跑和野地跑	任何厚度	—

新的鞋底厚度表——2024年11月1日起生效

项目	鞋底的最大厚度（根据规程10.6条）	进一步要求/注意事项
径赛项目（包括跨栏和障碍项目）	20毫米钉鞋或无钉鞋	对于接力赛，此规则适用于每位运动员所跑的每棒距离。 对于场地竞走项目，鞋底的最大厚度与路跑项目相同
田赛项目	20毫米钉鞋或无钉鞋	对于所有跳跃项目，运动员前脚掌中心的鞋底不得高于规程10.3条和10.4条所述的运动员脚后跟中心的鞋底（即鞋的中心点在鞋内长度的12%和75%处）
路跑项目（跑和竞走项目）	40毫米	—
越野赛跑	20毫米钉鞋或40毫米无钉鞋	运动员可以穿钉鞋或无钉鞋（即路跑鞋）。如果穿钉鞋，鞋底的最大厚度不得超过20毫米。如果穿无钉鞋，鞋底的最大厚度不得超过40毫米

项目	鞋底的最大厚度（根据规程10.6条）	进一步要求/注意事项
山地跑和野地跑	任何厚度	—

　　重要通知：根据规程5.3条，从2024年11月1日起，鞋底超过上表所列最大厚度的现有鞋将不再被批准，并且不能在适用的比赛中穿着。

附录4 运动鞋供应流程

1. 运动鞋可以通过运动用品制造商的销售渠道购买，包括零售（实体店）、品牌网站或应用程序和电子商务（包括至少1个月的预购期）。

2. 当现有的鞋被认为或已经符合可供购买的要求时，世界田联可能会要求运动用品制造商提供其可用性的证据。

3. 在申请新鞋的批准时，运动用品制造商必须提供运动鞋的可用性信息（即在哪里以及如何购买），时间限制为必须至少在适用的比赛前一个月。

4. 如果没有提供要求的信息，那么该鞋将不会被批准，也不会进入批准清单。除非新鞋在批准的清单上，否则不能穿。

5. 可供购买的新鞋受库存（包括尺寸范围）、供应链和制造时间表的影响。运动鞋制造商没有义务重新储备可供购买且已售罄的运动鞋。

6. 如果新鞋不再可供购买（例如，如果已售完等待补货、生产线已关闭、存在影响制造商的供应链问题或交付问题等），则希望购买新鞋的运动员可能会等待新鞋补货或购买可供购买的替代现有鞋或新鞋，具体取决于相关运动用品制造商提供新鞋新库存的能力。

7. 世界田联将进行检查，要求运动鞋制造商提供运动鞋可以/曾经可以购买的证据。

8. 如果有证据表明该运动鞋可以/曾经可以购买，则无须采取进一步行动。

9. 如果没有提供证据，那么运动鞋是不合规的，然后：

a. 该运动鞋将从批准清单中删除；

b. 通知各会员协会 / 运动员；和

c. 穿着这双鞋的运动员，其成绩将被相应地标记为"UNC TR5.2"（未经认证）。

10. 如果运动用品制造商无法提供新鞋可供购买的证据，世界田联可以撤销新鞋的批准，直到运动用品制造商能够提供所需的证据证明新鞋可供购买。

11. 应世界体育用品工业联合会的书面请求，世界田径运动首席执行官（或其指定人）可在超出体育用品制造业合理控制范围的情况下，暂时放弃本附录4条规定的任何或所有要求，使体育用品制造业无法根据本附录4条提供新鞋可供购买，前提是运动用品制造商已做出合理努力，令世界田联首席执行官（或其指定人）满意。

译者注

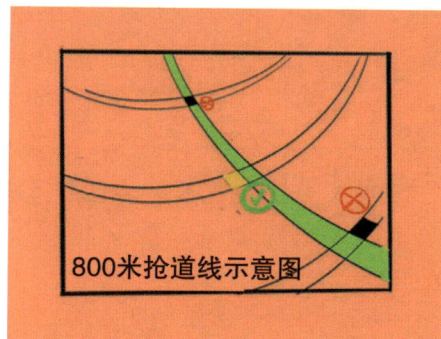

图1　抢道标志物摆放位置：在各分道线与抢道线的交界处之前的分道线上放置锥形物、棱柱体或其他类似标志物

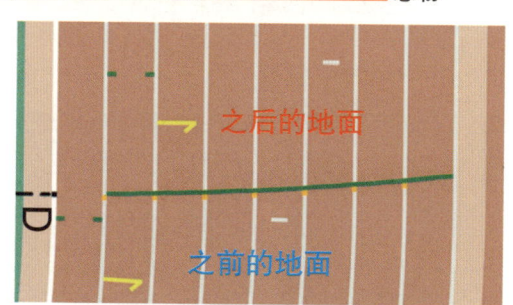

图2　以运动员跑进方向为例，黄色方格区域即为各分道线与抢道线的交界处之前

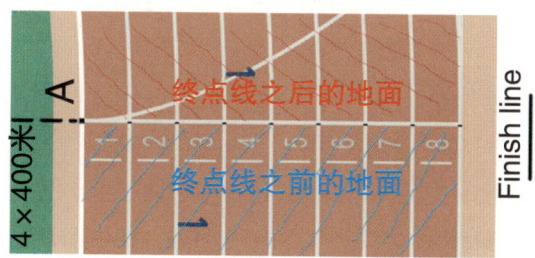

图3　蓝色阴影为终点线之前的地面，红色阴影为终点线之后的地面

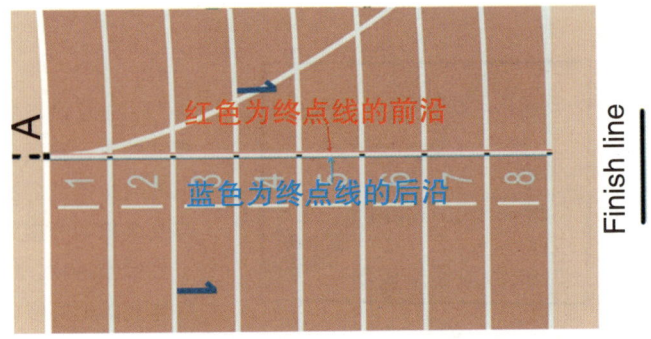

图4 终点线蓝色边沿为后沿，终点线红色边沿为前沿

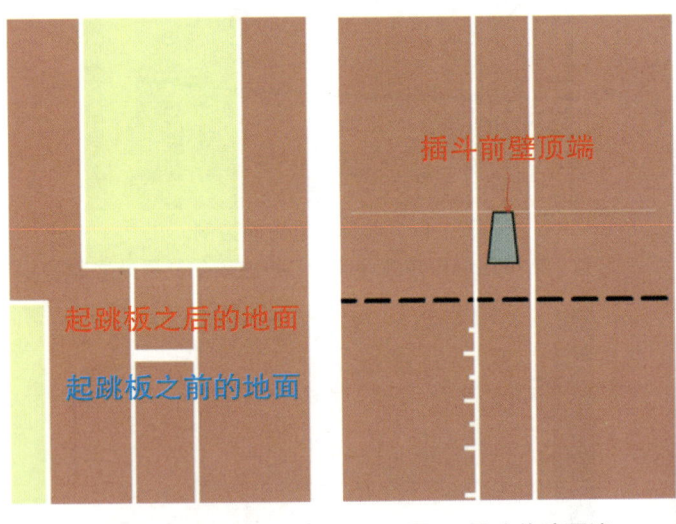

图5 起跳板之前的地面与
起跳板之后的地面

图6 插斗前壁顶端